IMAGINATION OF THE CITY

向上的力量

—— 用"工业上楼"实践诠释粤港澳大湾区新型产业流向

杨小贞　著

中国建筑工业出版社

未来的竞争是

精细化领域的体系竞争

序一

"工业上楼"
——产业经济新趋势

我的好友杨小贞女士写了一本书，书名是《向上的力量：用"工业上楼"实践诠释粤港澳大湾区新型产业流向》，希望我作个序，正好近几年来我比较关注产业地产和产业园区的发展趋势，其中就涉及"工业上楼"的问题，还略知一二，所以就爽快地答应了。

什么是"工业上楼"呢？简单地说，就是工业制造业的基础运行空间由原来的平面厂房转到多层或高层楼宇里面去了。这个事听起来似乎与常识有点背离，按照常规认识，工业这种加工制造类的产业，通常都是在大平面的、单层的工业厂房里实现生产加工的，怎么可能"上楼"呢？

其实，在"工业上楼"之前，人类早已实现了"居住上楼""商业上楼"和"商务办公上楼"等活动了。随着城市的扩大和城市生活的密集化，城市活动越来越强调集约化和高效性，在同样大的土地和空间内，高层楼宇所产生的集约化效益越来越明显，现在人们已经充分适应了都市高层住宅、高层写字楼、高层商业大厦等高层楼宇的都市生态环境，甚至把鳞次栉比的高层楼宇看作是城市兴旺发达的象征。

但是，工业制造业这种数百年来形成的人类工业时代的主导产业业态，却长期蛰伏在城市外围地带的单层厂房里，以占地面积大、地均产出低为特点。直到过去一些年来，随着新经济的迅速崛起，新型工业赖以生存的新基建把工业园区快速导入智慧时代，一大批现代高新技术支撑的轻型制造业，例如人工智能、生物医药、新材料、新能源、半导体芯片等，日益登上制造业的主战场。与此同时，许多大城市急需推进经济的高科技化、集约化、高效化发展。在这双重背景下，"工业上楼"被提上了议事日程。

显然，"工业上楼"是以新基建、新经济为基础的产业经济转型升级的时代产物，反映了工业产业经济发展的大趋势。目前的城市竞争，很重要的一个指标就是地均产出水平。"工业上楼"可以为城市的地均产出以及新经济的发展作出重大贡献。因此，越来越多的城市在新的城市经济规划中把"工业上楼"列入提升经济集约化、高效化发展的重大策略。

目前国内一些工业制造业比较发达的地区，如粤港澳大湾区、长三角地区、京津冀地区、成渝地区等，都出现了大量新型工业产业园区，其中一个重要的象征就是建成了各种类型的工业高层楼宇厂区，大量的轻型高科技制造业"上楼"了，开始以高层楼宇复合型运营空间模式制造一系列高科技工业产品，并且创造了日益提升的经济效益。

回头来看杨小贞的这本专著，就很有价值了。目前国内关于"工业上楼"的单篇文章有一些，但以专著形式出版，这还是第一部，值得称赞。杨小贞目前就职于深圳市建筑设计研究总院有限公司，她自己领导着一个成百人的专业建筑设计队伍，近年来涉足了不少工业园区、产业园区项目，其中很多都有工业楼宇的设计。这种设计在早前一些年是很少的，为什么现在突然大量涌现？其中的规律是什么？会有什么样的市场效应？存在什么问题？将来的前景如何？杨小贞一边领导团队承接项目，一边不断深入思考，积累了大量的原始资料和素材，她把这些资料和素材认真梳理和提炼，形成了自己独到的认识和研判，最终写成了这部关于"工业上楼"主题的、具有"第一部"价值的专著。

当然，"工业上楼"作为工业经济、产业经济中间的一个新兴现象，尽管呈现出积极蓬勃的气势，也产生了良好的经济效益和集约化效益，但是，它毕竟是新生事物，仍然存在诸多需要认真思考的问题，也需要在未来的实践中不断克服一些障碍。希望杨小贞及其团队继续努力，在更多的"工业上楼"建筑设计过程中摸索更多的经验，不断丰富"工业上楼"的理论和实践，为我国的产业经济转型升级作出更多富有落地性的贡献。

希望广大读者，包括工业制造商、产业地产服务商、产业经济研究者、宏观经济研究者、不动产投资者以及普通民众，都能读一下这部既有专业功底又通俗易懂的书，因为"工业上楼"不仅是产业经济的大趋势，而且还是发生在我们每一个人身边的一件十分有意义的事，可谓"开卷有益"！

中国城市经济专家委员会副主任
中国城市经济研究院副院长
深圳市建筑设计研究总院首席城市经济专家
2022年1月于深圳

"欲穷千里目，
更上一层楼"

得见杨小贞女士这本《向上的力量：用"工业上楼"实践诠释粤港澳大湾区新型产业流向》专著即将问世，真可谓不胜之喜。这意味着，中国产业地产行业又多了一本实操性的产品打造秘笈，少了一批在"工业上楼"领域苦苦摸索不得要领的迷茫之士。

严格来讲，我和杨小贞并不属于同一领域——火花S-Park是专注于对中国产业地产行业进行咨询研究的智库机构，而她所任职的深圳市建筑设计研究总院有限公司是建筑设计领域的行家里手。不过正如诗中所说"竹外桃花三两枝，春江水暖鸭先知"，我们同时都接触到市场一线的产业地产企业所谋所思所为，也就在"产城融合+工业上楼"这个范畴有了研究上的交集与交流。

如今，随着我国相关机制和政策的逻辑线索日渐明朗，作为实体经济复兴重要承载体的工业用地首先应成为"转型升级"的对象，尤其以杨小贞所在的深圳为龙头的粤港澳大湾区制造业热土为代表。土地缺乏导致产业外流甚至空心化的负面效应此前呈缓慢释放状态，到近一两年才真的发现"狼来了"，产业空间不足甚至已经成为影响这些城市营商环境、制约产业发展的"卡脖子"问题，土地必须高效集约利用的倒逼压力日渐显著。

产业业态的变化也使得工业用地、产业空间的利用有了更多可能性。比如大湾区一直非常有优势的电子产品及通信设备制造、智能装备研发生产等产业，生物医药、医疗器械等轻型加工类产业，还有更多新涌现出来的高新技术制造业，它们都具有生产设备重量较轻、生产过程中产生振动小、空间需求小但技术含量与单位面积产出高的特点，具备了"从横向到纵向，向天空要空间"的可能性。

火花S-Park这几年在全国产业地产行业的政府、企业调研走访与咨询顾问服务中能够最直观地感受到：

一方面，国内工业用地的低效利用与日益稀缺之间的矛盾日益激化；另一方面，产业业态轻型化、智能化加速以及国家政策的倡导和鼓励等多种元素交织，催生了"工业上楼"趋势的火热，并成为政府、企业及社会各方普遍关注的显性化课题，甚至有部分地方政府专门针对"工业上楼"出台了相关管理细则和标准指引。

"工业上楼"当然是一个非常好的趋势，符合城市发展、产业升级与精细化创新转型的大方向。当高层工业楼宇能够满足入驻企业的生产需求，包括水、电、气、网络等基础设施配套，并具备完善的服务功能，如职工饮食、停车、仓储物流和统一办公等，甚至达到新加坡那样"一栋楼就是一个产业园"的效果，那么"工业上楼"的确不失为一个缓解当前经济发展与用地紧张矛盾的有效举措——这样既可以为园区腾出大量宝贵的土地，又可以倒逼经济结构调整和中小企业转型升级，"小块头儿"叠罗汉后，能进一步提高土地利用效率，实现单位面积产出效益倍增。

就行业而言，通过"工业上楼"还可以倒逼现有的产业地产商改变原有的粗放型发展模式，转而精耕细作，在更少的工业用地上创造更多的产值、税收，培育出更多的产业"独角兽"，并延伸出更多丰富的创新业务模式，是一举多得的重要转型途径，有益于产业地产行业健康可持续发展。

而在长三角和珠三角一些老旧工业区，这种工业上楼与城市更新、"工改"M0相结合，形成"产业地产全新2.0升级版"，也有助于改变以往厂房"少、小、散、乱"等痼疾，以更专业的管理和更高质量的运营服务，一定程度上缓解原有粗放发展模式对生活品质、效率提升、城市管理、生态环境等带来的问题，形成更良性、更先进、更活跃的产业社区、科创社区，也即本书"新产城融合"的题中之意。

我前段时间也专门在深圳、东莞、佛山、中山、惠州等珠三角制造业重镇考察了一番，看到动辄接近100m高的"空中厂房"，"危楼高百尺，手可摘星辰"，在数十米的高空中设置1000m^{2}的大开间，几部数吨重的高速货梯呼啸着上上下下，企业研发、生产、运输有条不紊，的确令人叹为观止。

目前，中部地区一些产业集群繁茂的开发区，也不乏一些"出乎其类、拔乎其萃"的摩天工厂案例。比如武汉光谷生物城，由东湖高新集团打造的光谷生物医药加速器和精准医疗产业基地两个园区，高层厂房不但大受政府和客户欢迎，从经济收益上也完全有利可图。

但是我认为，这些产品一炮而红、叫好又叫座的背后，其土壤环境才更值得重视。

一是区域的产业基础非常成熟和雄厚，堪称是"站在巨人肩膀上"。充沛的研发生产诉求支撑了高层厂房的去库存化，如果没有这个市场积累就是无源之水、沙上城堡了，结果必然异常凶险。

二是这些"摩天工厂"的主打产业大多是电子信息、智能制造、生物医药、医疗器械等，都属于典型的轻型制造业，设备相对轻、技术含量高，都是最适合"上楼"的产业，奠定了成功的另一基础。

我接触过很多城市领导，对"工业上楼"非常感兴趣，纷纷组团去深圳、东莞、佛山考察，回来之后就想推动一两幢楼宇尝试一下这种"都市型绿色工业楼宇"。对于地方政府而言，土地是越来越宝贵的，通过集约化利用，容积率提高，不但单位面积的土地可以卖出更高的价格，单位面积产值也变得更可观，妥妥的高性价比，"欲穷千里目，更上一层楼"，何乐而不为？

但是对实体企业而言，则是"恐琼楼玉宇，高处不胜寒"，接受"上楼"是需要时间的。毕竟，单层厂房独门独院，有私密性又不受干扰，交通运输也方便，是最好用的，而高层厂房的垂直运输很麻烦，楼上楼下有干扰，如果生产的是精密仪器，哪怕一丁点的震动都受不了，开发商又做不到新加坡那样代价高昂的高抗震厂房，所以相对是比较抵触的。

我在调研中发现，即便是与粤港澳大湾区在产业繁荣和中小企业活跃程度一时瑜亮的长三角地区，对"工业上楼"的接受程度也难言乐观，像苏州、杭州这种产业结构相对较新、较轻的城市还有点兴趣尝试更高层厂房，但宁波、嘉兴、无锡这些地方重型加工业非常发达，对机械厂房的需求很旺盛，很难接受"上楼"；至于上海，无论是政府、客户还是产业结构，都对这种"工业上楼"不太感冒，即便是有也主要是偏向2.5类别的科技型研发办公。

一位民营产业园区操盘手告诉我，他在无锡、嘉善、嘉兴做的单层机械厂房火爆异常，一房难求，但是多层厂房却无人问津，甚至机械厂房都已经卖完了，多层厂房都没有去化一套，客户觉得没有价值，最多要两层的厂房，三层都不接受。但是一些土地稀缺、客户升级显著的地区慢慢开始接受4层甚至6层的厂房，这已经是非常极致了，总体还是不太乐观，所以因地制宜才是最好的选择，一定要在前期市场调研摸底的时候做足功课。

这也是为什么已经出台管理政策和工作指引的地方政府，都要配套不小的优惠扶持力度甚至是"工业上楼专项资金"，就是希望"培养用户习惯"，进一步提高开发商和实体企业参与工业上楼的积极性，降低曲高和寡的抗性。

所以，当我看到杨小贞在这部技术性很强的专著中，前面用了接近1/4的篇幅首先把"新产城融合""湾区经济""专精特新""智能制造""招商运营"作了详细阐释，个人是非常赞同的，窃以为是相当有的放矢，言之有物。

我打过一个比方，"工业上楼"可以被视为检验城市制造业素质和层级的一个试金石——如果这个城市新产业、新业态活跃涌现，土地资源又极为稀缺，那么"工业上楼"绝对是一味灵丹妙药，你所翻阅的这本专著也恰好对症下药；但如果你所在的是土地资源还比较充沛、中小企业量级严重不足的中西部城市，那就还远远没有到搞"立体工厂"的火候，还是脚踏实地、实事求是为宜。

所以我一直建议，各地有条件的政府，应该结合自身区域的产业特色、产业结构、承受能力和发展趋势，量力而行、因地制宜、按需推动，适当前瞻性地研究并制定相关政策、实施意见和工作指引，以及小范围审慎推动一些"工业上楼"的试点，并对厂房租金、公摊面积、水费电费、电力增容、电梯使用等给予引导，对"以企业为本"的运营机构给予政策扶持，以平台公司和社会资本相结合的灵活方式进行市场化的探索，逐步推广落地。

这里面尤其还要强调我提出的"新三规合一"——产业规划、建筑设计规划和投融资规划先行，引领后续的开发建设、招商和运营管理，以招商结果导向驱动落地，最终达成我所谓的"五维最优"（"五维"即产业维度、市场维度、城市维度、资本维度、成本维度），从而高效集约地利用好稀缺优质的土地资源，在产业转型升级、产业空间优化、多维服务运营和产城良性融合方面求得最佳平衡——在这些方面，杨小贞的这部专著也多有涉及，所见略同。

当然，"工业上楼"也是一个非常专业而体系化的工程，绝不是简单的厂房堆叠和生产线搬上天去，其究竟应该有怎样的规划定位、建筑标准和运营体系，在产办一体、承重荷载、垂直运输、卸货平台、交通设计、层高间距、设备管井、空调水电、公共露台、垂直绿化等方面如何设定，怎样在既保证高品质、安全生产、节约成本、生态友好、节能环保、使用舒适便利的同时，又能够实现"产、城、人"在集聚中产生新的化学反应？

在相应配套设施、住宿餐饮娱乐、公共服务平台、研发机构、智能园区运营、政府产业准入与全周期监督管理方面又应该如何高效创新，适应这种新的园区产业生态？杨小贞作为战斗在规划设计一线的实操专家，在本书中也对这些方面给出了非常落地而富有专业性的答案，想在这方面汲取真经的朋友们可不能错过。

吴晓波老师在他的巨著《腾讯传》前言中写的一句话我非常欣赏："没有人，能够定格一座正在喷发中的火山。"这倒与本书的名字"向上的力量"颇有契合的意味——喷薄向上，势不可挡，充满了积极滚烫的力量。"工业上楼"，正是这样一座正在喷发的火山，这是一场前景非常广阔、具有颠覆性的行业革命。就中国产业地产领域而言，这也将是一个全新的"园区奇迹"。

我个人深信，"工业上楼"以工业用地这一重要资源的"增量提质、存量提效"为着力点，强力启动土地与空间要素的供给侧改革，能够有效带动更大范围产业领域的供给侧改革，最终实现"二次改革"的乘数效应和裂变效应。

因此，我也非常盼望更多如杨小贞女士这样充满卓识与激情的专家投入到这个领域，倾力合作与实践，制定符合行业发展的标准体系，共同顺应新时代、新经济朝着智能化、高端化、自动化发展趋势，在加快新旧动能转换的新一轮高质量发展中寻找黄金般的发展机会。

是为序，再次感谢和祝贺杨小贞女士。

火花S-Park创始人、执行董事

2022年春于北京

感受得到的力量

这本书终于定名为《向上的力量：用"工业上楼"实践诠释粤港澳大湾区新型产业流向》了。

从经济发展的维度、城市变迁的历程和多业态的产业转型，引出了"新产城融合"的热议话题和"工业上楼"的路径实现，探索着推动社会前行的力量。这就是"向上的力量"，也是可以真真切切感受到的力量，描绘了一幅粤港澳大湾区脱胎换骨的变迁、人才辈出的创新和对未来宜居宜业宜游新生态的展望。有幸在虎年伊始拿到这本新书的校勘本，作者邀我写序。序言是高瞻远瞩评价，我没这个能力牵动，读后感是我自己的感想、引导大家去看的，我愿意有感而发。我觉得还是等阅读完本书之后交一个读后感的作业。

这几年，我和团队的小伙伴们一直在产业经济、产城融合和产业园区建设等涉及新城市布局方面进行着思想的交锋和案例的碰撞，这里有思考、有学习、有探索，读完这本书也很有启发。我愿意做一个普通的读者，一个比其他读者早一点看到这本书的读者，留下一篇读后感，和大家交流。

随着城镇化进程的不断深入，特别是数字经济带来的变化，城市土地形态、开发模式和工业转型加速。十八大以来，高品质发展成为各项规划的标杆尺子，深度融合工业化、信息化、城镇化和农业现代化等多维要素协同发展的"新四化"，给未来的城市建设和产业布局带来了更多新时代的考量。在这本书里，我们读到最多的三个主题词是"新产城融合""人城产"和"工业上楼"。我们要怎样来重新认识这三者之间的关系呢？

工业发展需要进入城市，就业增加需要城市承载，在这种交替发展中，要给产业留下城市的空间，给城市留下产业的载体，进而提出了产城之间的融合要更多地满足人口结构和产业形态的交互需求。"新产城融合"的命题实际就是构建比较科学、协同、稳定和持续生长的"人、城、产"之间的关系。许多实践和理念将"产城人""人产城""人城产"这三者之间的位序展开、变化和构建模型，这里不仅仅看到了文字组合带来的要素支撑和质的变化，更是一种理念升华和思维的创新。

深圳由一个小渔村蜕变成现代化的国际大都市，城市建设的实践推动了多轮面向未来的城市规划，从而布局与城市相关的不同产业。深圳早期是边防和农村，没有工业基础。1979年蛇口工业区的设立，之后按照新城市的方式布局的一些工业区，比如上步工业区、泰然工业区、水贝工业区、八卦岭工业区和南山第五工业区等，这是根据一座城市所需要的安排来变化的。比如水贝田贝的机械化工、八卦岭的轻工、泰然的外资加工以及南山第五工业区的菜篮子工程，那是城市的保障和需要；上步的电子，是大型企业在这里布局，与国际对接的一个平台。随着城市的发展、产业的变化和时代的变迁，工业的形态也有一些改变。上步工业村就变成了华强北步行街，一些工业区转型变成了相对集聚的科技园，如天安数码城、深圳高新区等，这就发生了质的变化和城市产业空间的重构。一些结点的突变、质变也给规划和市场导入了全新的模式。如位于高新区的国家大学科技园、科兴科技园、深圳湾生态园等。随着产业链、价值链的重构，合作分工的区域化、全球化，都市圈经济应运而生，这对于城市之间的产业形态，对于在城市中的产业布局，形成了一个完整的、发展的、跨越的、持续的、产业关联的纽带。政府也采取措施用M0的方式让一些城市载体有了更多的活力。

"新产城融合"怎么看。作为研究和规划的团队，不会像房地产商那样在土地的价值以及土地挖掘之后的利润考量上纠结，也不像政府那样对于经济增长和招商有压力和紧迫感。但是这个角色的定位需要满足多方的社会价值的实现，也需要最大限度地满足地产商与政府之间的博弈。我非常理解作者及其团队的责任与担当，需要拿出一个独立的、客观的、高品质的、可借鉴落地和面向未来可持续发展的规划。产城融合是必须面对的一个命题。在两只锤子敲打着智者的大脑时，同样的"产城融合"四个字，背后的诉求完全不一样。地产商提到的产城融合概念，是希望能够在产业空间里面多一些商业面积，有更多的城市开发的附加值。而政府在产城空间的这个语境之下，希望哪怕是一个确定的商业配套也能挂上热门的产业话题，以对准上级编制下来的规划。这两者之间有局限的诉求就给规划带来了一系列新的话题："产城人"之间到底是什么样的关系？什么样的产业需要进入城市？什么样的城市需要什么样的产业？不同产业业态提供的就业职位是怎么构成的？这些对于城市和产业又有什么样的不同需求？

我的观点是：不管将来这个城市的空间布局怎么样，这些新兴产业能带来哪些资源，最重要的是要看城市希望吸纳哪些人来就业。因为哪些人在这个城市就业，他的品位、他的知识结构、他的需求是不一样的。城镇化的进程是随着工业化的进程和信息化的进程而变化的，城镇化的定位是随着周边城市的区域布局而谋定的。深圳都市圈带来的产业群实际上包括东莞、惠州以及周边的城市，这些城市的产业链互配关联，紧密结合。深圳的城市群，还包括和香港的资源要素流动。深圳人才是国际化和本土交织在一起的新型的人才。而城市就业岗位提供的不同产业背景，对城市建设的需求也会有差异。这样就带来了我们对"产城人"的思考。

"产城人"是怎样的关系。在产城融合的第一轮思维过程中间导入了人的价值，产和城的融合要为人服务。老关外的一位领导直接提出：应该是"人产城"，要以人为本做好服务，发展新兴产业，吸纳高品质的人才融入当地的未来。一位CBD的领导进一步提出应该是"人城产"，以人作为动力，以城市作为载体，将营造高品质城市空间，让未来产业有机会成长为参天大树的新生态。人、产、城三者的关系和产城融合一样，在不断的发展过程中，也给我们带来了更多更新的课题，那就是用什么样的空间载体实现产城融合和"人城产"的有机结合。粤港澳大湾区城市发展迅速，土地资源紧张，"旧改"和新楼都在作不同方面探索。

"工业上楼"是广东省开出来的一副"处方"。一时间很多标杆性的建筑也都戴着"工业上楼"的帽子了。但走进去一看，"工业上楼"的工业要素和楼宇经济、产业适应和生态环境都存在着许多不尽人意的地方。这本书提供的以"工业上楼"为核心竞争力的三个园区案例松湖智谷、格力三溪科创小镇和中安产城产业园，前后经过五年的时间，这五年的历程是非常艰辛和纠结的，记载了他们的一些思考，也记载着他们的成果，以及他们给后人留下的走在前面一片雪地上的脚印。可以说书中的三个产城融合的案例，三个"工业上楼"不同模式的样板已经耸立起来了，这是一股"向上的力量"。

这三个案例中间展现的工业和大湾区的发展是相辅相成的。涉及三种形态：第一种是城市工业与信息化为主体的少量空间，高素质的人才和信息化布局的楼层；第二种是工业自动化的新产业，以小带大，不再是劳动密集型，而是技术密集型，它可以在一个楼层的云端建立一条飞速的生产线；第三种是一些基础工业，一些基础工艺处理所需要的楼，包括底层荷载、层高等。产品布局上，已不再是单一的楼，而是一个楼群组合，这个楼群组合带着可以满足未来工业产业链的需求和新兴城市升级的这样一个愿景。无独有偶，这几个项目还有一个值得赞赏的地方，它们背后的建筑设计团队，都是由本书的作者杨小贞女士主导的。这个团队从东莞开始，一直深入到大湾区的不同区域，每一块土地、每一个产业、每一个村镇，摸爬滚打，提炼出了一套完整的配合产业发展的城市建筑规划的组合思路。

松湖智谷原来那一片叫香市科技园，是由按寮步镇的沉香品牌来做的，其规划结合当地的特色沉香，并体现了松山湖的工业价值。但当初彭飞先生从深圳踏入这个平台后，首先就感觉到品牌的价值和规划要重新打造。通过两个月的调研和思考提出来"松湖智谷"这样一个概念。从科技园到智谷，不光是名称的改变，更多的是从实质上作了更大的提升，他把工业需要的厂房，"工业上楼"需要的业态和伴随着城市发展的松山湖以及智能化这样一个工业化的过程巧妙地结合在一起，仅凭这一举之力就在两年内打造了整个珠三角"工业上楼"的园区典范。但是，毕竟是从原来的规划调整过来的，在土地、布局、理念、决策等过程中有很多是无法逾越的。

中安产城项目不是简单地在原来的规划上进行修修补补。彭飞团队去了肇庆，这座作为粤港澳大湾区的后花园的城市，也是新能源汽车产业要地。从拿地开始，从规划开始。因为有了深圳、东莞大片区的经验，有了肇庆进入大湾区的背景和对未来发展的谋划，有了肇庆的工业和深圳、东莞的工业之间的差异化的需求，所以他们在肇庆国家高新区的支持下做了整片的规划，用定制厂房的方式、用定制服务的方式、用面向未来的方式，打造了一个全新的"中安产城"。

三溪科创小镇的地方政府和创建团队去考察过松湖智谷，我记得那天正好我也在带另外一批客人进行现场考察，珠海香洲的领导邀请我也去三溪现场看看。当时他们已经请高手做了一个规划，但是看了松湖智谷后有点相见恨晚的感觉。那个时候三溪项目出现了非常纠结的三个矛盾：第一个矛盾是土地整块但是不连片，住宅已经先行开发了，那时候格力的产业已经起来了，中间的这块地方要他们做几栋楼来配合两地的招商，应该怎么办？第二个矛盾，那块地处于珠海一个非常好但又非常偏的山脚下，如果交通不通，城市规划不到位，怎么进怎么出？第三个更重要的矛盾，就是在这个地方到底做什么样的产业，给珠海带来什么样的动力，能够让珠江西岸达到一个引擎、龙头和样板的作用？杨小贞团队接受了这个挑战之后，他们不是单一地做一个园区，而是把珠海香洲南岸园区和这个三溪园区一起考虑，那么随着邻居片区的改造，这三点通过一个哑铃的方式就联系起来了。美丽的三溪小镇、美丽的科创小镇就这样应运而生了，它是"产城人"非常巧妙的结合，是未来珠海最有爆发力的一个后花园、产业重镇和安居乐园。

这本书呈现在我们面前的最重要的篇幅是"楼"，所以在"工业上楼"的过程中间，作者对于楼的建筑结构，建筑需求，包括从荷载到消防，从物流到工业信息化，从单一的楼体到周边的环境，从单一的楼和产业的布局到多元化的人的需求，都作了非常详细的描述，也可以说这本书是一个经典的教科书式的、前瞻性的范本。

通过案例和设计阐述，书中的"产城融合、人城产、工业上楼"三个理念像骨肉一样支撑起来了，像血脉和神经一样满体活络，变成一个能够建得出来、住得进去、走得更远的这样一个新城市、新产业、新流程都市配楼，变成一个强劲的巨人，这是一股感受得到的"向上的力量"。

大湾区是中国最有特色的、现代化的、国际化的、产城融合的、世界一流的制造基地。随着城镇化进程的加快，工业也会带来前所未有的变化，新能源、低碳、无人车间和没有实物产品的云世界，给我们的城市、人和楼带来了更多的想象空间。我们期待我们生活的这样一个大湾区，就是宜居、宜业、宜游的优质生活圈，而在这里，科创的带动给我们带来了未来发展的无穷的力量。

随着这本书的问世，随着这本书的传阅，随着这本书带来的一些思考，更多的"向上的力量"就在于每个人把握着向上的一块"砖"，向上的一个数码，向上的一个产业，向上的一群人的力量。希望今天不只是过去的总结，而更是面向未来的集结号。希望更多的读者在不同的场景中面向未来谋划和启程，创新未来的生产方式和生活方式，面向未来国际化新城市、新经济、新产业、新四化的明天。

为了明天，携手前行，一起向未来！

深港澳科技联盟顾问
深圳市科技局原副局长
深圳市高新办原副主任
深圳市科协原专职副主席

目录

1

城市工业的
新趋势

1.1

从世界最大的
暖流说起

在大西洋北部，有一条向东穿过美国和古巴之间的佛罗里
达海峡，沿着北美东海岸向北流动的暖流。

这条暖流从墨西哥湾出发，所以被人们称为墨西哥湾暖
流，简称湾流。它是世界大洋中最强大的暖流，带着赤道的热
量，在大约北纬40度、西经30度的地方形成了两条分支，北
分支跨入欧洲的海域，南分支经由西非重新回到赤道，周而复
始，在时间的旅途里开启一轮又一轮的循环。

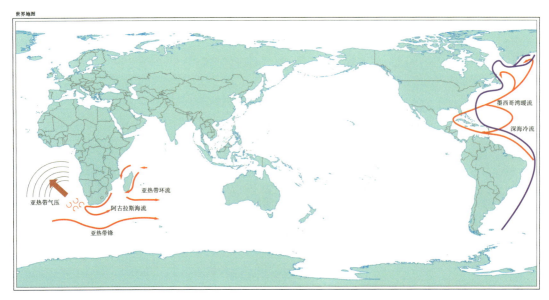

墨西哥湾暖流示意图

湾流汹涌澎湃，将北美洲和西欧原本冰冷的地区变成了温暖、宜居、宜业的地区，并对北美东岸和西欧的气候产生了重大影响。

在中国的粤港澳大湾区，也有这样一股"暖流"，其对中国乃至全世界产生的影响，正在不断放大，并逐渐形成新的引领、新的能级、新的流向。某种程度上，粤港澳大湾区的这股"湾流"，对所在区域的影响与墨西哥湾暖流殊途同归，只是在呈现方式上有所不同。粤港澳大湾区的"湾流"不是地理学、气象学上的概念，而是指产业发展与城市更新的新模式——"新产城融合·工业上楼"。

要理解粤港澳大湾区的这股"湾流"，需要先放大视角，从大湾区经济的发展趋势对其进行解读。纵观世界级湾区的发展，大致都要经历港口经济、工业经济、服务经济和创新经济四个阶段，当前粤港澳大湾区正处于从港口经济、工业经济和服务经济向创新经济跨越的关键阶段。随着经济社会的快速发展和改革开放的不断深入，粤港澳大湾区的城镇化和工业化水平不断提升，深莞惠经济圈、广佛肇经济圈、珠

世 界 地 图

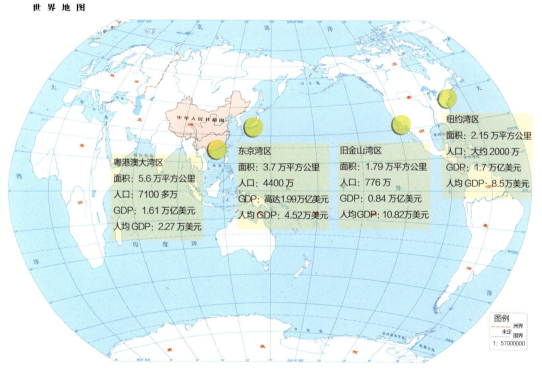

粤港澳大湾区
面积：5.6 万平方公里
人口：7100 多万
GDP：1.61 万亿美元
人均 GDP：2.27 万美元

东京湾区
面积：3.7 万平方公里
人口：4400 万
GDP：高达1.99万亿美元
人均 GDP：4.52万美元

旧金山湾区
面积：1.79 万平方公里
人口：776 万
GDP：0.84 万亿美元
人均 GDP：10.82万美元

纽约湾区
面积：2.15 万平方公里
人口：大约2000 万
GDR：1.7 万亿美元
人均 GDP：8.5万美元

世界四大湾区

中江经济圈的形成，使得粤港澳大湾区出现了发展较为成熟的城市群。

　　作为先进的空间组织形态，城市群是推动经济增长、提升国家竞争力的核心力量。在现阶段，如何集中优势资源，实现区域内港口、产业、交通、文化、政策等各方面的合作，以及大湾区与周边腹地的合作？这对粤港澳大湾区城市群的产业及产业载体提出了更高的要求。

　　"新产城融合·工业上楼"这股粤港澳大湾区的"湾流"，其背后的逻辑，就是通过建筑产品的更新迭代和前沿科技的创新应用协助实现产业的全面升级，在粤港澳大湾区城市群中完成产业与产业之间的竞争协作、产业与空间的互补融合、城市与城市之间的链接联动。作为城市工业的新趋势，这股"湾流"既是技术改良，也是空间改良，在助力经济结构调整、优化国家战略发展布局方面肩负了重要的历史责任，并成为引领。

粤港澳大湾区区域图(二)

粤港澳大湾区及深莞惠经济圈、广佛肇经济圈、珠中江经济圈

1.2

"工业上楼"与
"新产城融合"

　　未来一线城市或新一线城市的核心诉求是"新产城融合·工业上楼"模式的根本出发点。"凡事预则立，不预则废"，重视设计并为设计赋能，从而给空间带来高效价值，是从源头上解决一切问题的方法之一。

　　对于"新产城融合·工业上楼"的理解与认识，可以从"工业上楼"和"新产城融合"两个方面进行。其中，"工业上楼"是粤港澳大湾区"湾流"的核心，也是本书论述的核心，"新产城融合"则以新产城社区的形式得以初步实现。

　　首先讲一讲"工业上楼"。改革开放以来，粤港澳大湾区的制造业和城市发展取得了巨大成就，但同时也暴露出许多问题。原先单一的发展模式，一味地追求GDP高增长，给城市带来的环境污染、生态破坏、人文关怀缺失等问题，极大地影响了城市发展的可持续性。时至今日，随着产业的不断迭代和升级，在土地紧张、资源紧缺的情况下，以深圳为代表的许多城市对于空间载体的要求越来越高，本质上，是人的意识与需求带动了这些城市的产业升级，并对空间提出了更高的要求。

　　如何提高工业用地的集约利用水平，推动产业高质量发展和转型升级，成为一线城市和新一线城市在实现全面发展过程中需要解决的当务之急。为解决产业用地紧张问题，充分利用土地资源，推动产业转型升级，"工业上楼"这种新的产业载体模式应运而生。

2019年7月，深圳市宝安区出台《深圳市宝安区工业上楼工作指引（试行）》，在全国范围内率先对"工业上楼"进行了界定并设置相关建筑标准，即"高度超过24米且不超过100米的高层厂房"。在此之前，东莞松湖智谷产业园于2017年3月完成设计并开工建设，随后在2018年12月完成一期竣工验收，2019年1月开始陆续投产。

东莞松湖智谷产业园一经推出，其产品就在市场上供不应求。其招商数据、企业入驻及后期运营情况，一方面反映了传统产业载体的极度饱和，另一方面更是反映了市场对新兴产业空间的饥渴性需求，因此松湖智谷很快就成了粤港澳大湾区乃至全国"工业上楼"的学习标杆。显然，成就今天松湖智谷"工业上楼"成功愿景的，既有设计者前期对市场的正确研判，分析各方诉求后使项目以设计构图的形式呈现，也有决策者和执行者的大胆创想与赋能实施。从设计到实施，所有参与者均以未来的角度解读当下，权衡企业诉求、城市诉求、产业

东莞松湖智谷产业园整体鸟瞰图

珠海格力三溪科创小镇鸟瞰图

诉求、经济诉求以及人的未来诉求，敢为人先，开拓进取，求真务实，守正创新。

　　初步实现"新产城融合"、以"工业上楼"模式建设的新产城社区，不同于传统的以生产功能为最重要功能的产业园区，也不同于以单一办公为最重要功能的园区，而是以产业为基础，引入文化、商业、休闲等要素，实现生产、生活、生态三大效益的新型城市功能单元。简单地说，新产城社区既是制造之地，也是研发之所；既是企业生产办公空间，也是市民休闲交流空间；既是"产"，也是"城"。作为未来"新产城融合"的创新空间模式，下一步新产城社区将依托物联网、大数据、区块链等新一代信息技术，呈现产业化时代的新面貌。

在新产城社区中，"工业上楼"将不再仅仅满足给企业提供建筑本身的物理空间，而是更注重城市空间的多维拓展与集约利用，让城市功能和产业功能实现完全融合，使产业及产业载体从单一的生产型经济向综合型城市经济转型，尤其是在深圳等一线和东莞等新一线城市的第一产业、第二产业和第三产业之间的联动中，进一步凸显对城市发展的带动效应。

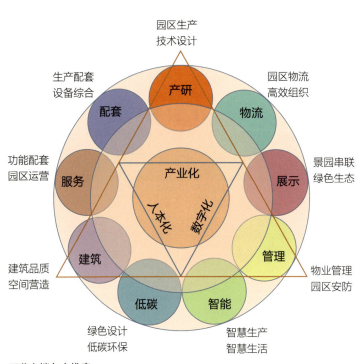

工业上楼九大维度

1.3

先发地区的
有益探索

事实上，"工业上楼"一词并非全新的概念，中国香港、新加坡等地在20世纪90年代已大胆尝试实践"工业上楼"。在香港，已有众多10层以上的高层厂房，甚至很多都超过20层，高度接近100m。这与香港土地紧缺，电子、服装、玩具、珠宝、印刷、食品加工等轻工业迫切需要发展有着十分密切的关系。但随着产业转移，香港工业逐步空心化，高层厂房也慢慢人去楼空，诱发了很多社会问题和安全隐患，时至今日成为当地亟待解决的一个重要问题。

由此可见，在当下，"工业上楼"的整体设计打造应建立多维模式，充分考虑产业转型升级后，积极应对城市新一轮发展，使建筑空间同时具备一定程度的灵活性、迭代性和通用性。

香港工业大厦
图片来源：李凌月. 活化政策导向下香港工业大厦
更新模式研究. 住宅科技，2021，2.

中国香港、新加坡的"工业上楼"案例

地区	案例	产业门类	空间				实施主体
			层数	高度	容积率	生产辅助设施	
中国香港	香港工业大厦	手工业轻工业	10~24层	≤100m	—	—	政府或私人
新加坡	新加坡堆叠厂房	无污染都市工业	4~9层	≤50m	2.0以上	独立的停车区和装卸货区域	政府

　　新加坡的高层厂房，多数是3层叠3层、最高为9层的堆叠式厂房，这些堆叠式厂房在一定程度上解决了中小型企业因租金、场地和运作等原因造成的部分功能设施分散的难题，所以一经推出就受到了市场的欢迎。其中，新加坡裕廊工业园区是首个实现"工作·生活·娱乐"一体化的综合性工业项目，不仅高度实现了园区内土地的集约化利用，突显了园区的人文关怀，也实现了产业与经济发展"多级跳"的城市迭代愿景。

　　改革开放以来，粤港澳大湾区凭借沿海和毗邻港澳的地缘优势，吸收了国际上的产业转移，成为世界重要的制造业基地。其中，深圳、东莞和佛山等地区的工业基础最雄厚，具备相应的条件和需求，可以吸取中国香港和新加坡的有利经验，并规避他们的弊端，在"工业上楼"的模式上起到先发探索和引领作用。

新加坡堆叠式厂房
图片来源：曾仕乾. 泰戈尔工业厂房. 世界建筑导报，2017，6.

在全国范围内，当前不少城市都出台了关于"工业上楼"的相关管理细则和标准指引。通过"工业上楼"的产业载体模式展开对城市的谋篇布局，严守工业红线，提高工业用地的利用率，盘活存量空间，最大限度地提升工业用地的综合承载力，已经成为各个城市尤其是发达城市的重要选择。这些"工业上楼"先发地区的有益探索，为全国其他地区提供了宝贵的经验和借鉴。

国内各城市关于"工业上楼"的政策办法及相关内容

城市	出台时间	政策名称	相关内容
中山	2017年	《中山市"三旧"改造实施办法（试行）》	支持"工业上楼"
青岛	2018年	《加快高层工业楼宇经济发展的实施意见》	占地30亩（2万m²）以上，或总建筑面积5万m²以上，鼓励50亩（3.3万m²）以上的成片开发，容积率原则上3.0左右，最低不得低于2.5……
佛山	2018年	《佛山市三水区乐平镇"工业上楼"扶持办法（试行）（征求意见稿）》	项目厂房层级须达到6层及以上，建筑面积达到3万m²以上，层高达到4.3m以上，承重能力满足0.75t/m²……
深圳	2019年	《深圳市宝安区工业上楼工作指引（试行）》	建筑高度超过24m且不超过100m的高层厂房，柱网轴线距离宜大于8.7m，每个生产单元至少设置1台载重2t以上货梯……
东莞	2019年	《关于拓展优化城市发展空间加快推动高质量发展的若干意见》	收储整备、城市更新、盘活整治、空间增容、集约提效
苏州	2019年	《苏州工业园区优化营商环境行动方案》	提高用房用地效率，鼓励地下（地上）空间开发，最大限度提高土地节约集约利用水平，鼓励工业上楼，提高产业用地容积率……
杭州	2019年	拱墅区"走亲连心三服务"活动	强调推进"工业上楼"，打造产业高质量发展新高地

城市	出台时间	政策名称	相关内容
宁波	2019年	2019年奉化两会提案	建议在奉化东部城区试行"工业上楼"模式，发展都市型绿色工业楼宇
青岛	2020年	《青岛西海岸新区关于加快高层工业楼宇经济发展的实施意见》	同上，以及工业综合体应是主体建筑高度不低于24m的非单层建筑物、构筑物及其附着物，产业用房层高原则上不低于4.2m……
嘉兴	2020年	《秀洲区政府与嘉实集团战略合作协议》	建设若干"工业上楼""垂直工厂"等新型、特色产业园区
东莞	2021年	《水乡功能区工业上楼产业引导指南》《水乡功能区工业上楼建筑设计指南（试行）》《水乡功能区工业上楼园区规划指南（试行）》	提出"工业上楼"五要素筛选模型，研究高端产业空间需求，建立首个系统性"工业上楼"建筑设计指南
珠海	2021年	《香洲区关于促进实体经济高质量发展的若干措施》	拓展产业空间，深入推进旧工艺厂房"工改工"，鼓励企业拆矮建高、拆旧建新、工业上楼

2

"工业上楼"的
产业导向

2.1

房地产与
产业地产

过去二十多年间，依靠单一粗放的"短平快"开发、高周转销售模式，房地产企业在市场经济的浪潮中几乎所向披靡，成为城市建设和发展过程中一支不可或缺的力量。然而随着中央和地方各级政府部门对房地产市场的严厉调控，房地产开发商传统的开发运营模式越来越变得难以为继。

在中国经济结构调整和政策驱动下，产业地产成为众多企业进军的"市场蓝海"，在2015年之后产业地产得到了快速的发展，让从业者诚惶诚恐。显然，产业地产也成了地产界风口，甚至成为当今最热门话题之一。经过几年的发展，为了防止产业地产像房地产那样，进入新一轮的鱼龙混杂时代，从业者应具备充分的专业知识并尊重专业，守住基底，从根本上解决问题，才有机会在未来实现全面升级和迭代，找到城市发展"全能冠军"实施的平衡点。

放眼当下，土地利用从增量时代进入存量时代，大力推进节约集约用地制度的实施，是未来中国城市发展的重要目标之一，也是优化社会资源配置的重要举措之一。

以深圳市南山区为例，南山区以深圳十分之一的土地创造了四分之一的经济产出，

早期的产业地产

但在快速发展的过程中，也产生了随之而来的三大核心问题。

■ 第一，产业空间错配。优质创新企业所需的高品质大面积产业空间缺失，老旧工业园区空置率却不断上升，同时，"老破小"产业空间跟新兴制造业的需求匹配不到位，不利于城市的产业链动效应。

■ 第二，空间载体错配。写字楼不断增加，生产制造空间不断压缩，制造业持续外流。

■ 第三，土地历史遗留问题突出。存在一定存量的产业用地，但并不满足现代制造业的转型升级需要，且盘活面临诸多政策障碍和历史遗留问题。

解决这些问题，找到一种新的产业发展和城市更新路径成了当务之急。许多城市首先是在土地政策上进行了创新，例如粤港澳大湾区中的深圳、东莞、广州、佛山、惠州、珠海、中山等各大城市相继出台了新型产业用地（M0）政策。这些城市出台M0政策的最终目的，都是希望激活新型产业，并将工业用地盘活，加快城市更新的速度。与开发强度低、风貌差、环境恶劣的工业用地相比，M0无疑是一个寻求突破且性价比最高的土地类型，也是城市谋求新发展格局的创新举措。

但在实施的过程中，M0政策也有一定的局限性。与之形成对比的是产业载体的模式创新在实际中发挥着重要作用。事实证明，在专业化、精细化领域中，"工业上楼"已然成为从业者研究与决策的最佳选择，这在土地资源极度紧缺、土地成本快速攀升的粤港澳大湾区，体现得尤为明显。

相比于房地产和早期的产业地产，"工业上楼"模式以高层工业楼宇为载体，集聚了新型制造类高新技术企业，既可以缓解当前经济发展与用地紧张之间的矛盾，又可以提高土地利用率，大幅提升存量空间的利用效率。同时，从"工业上楼"模式中体现出的制度优势和文化优势，可以逐渐影响和改变人

M 工业用地

M1 一类工业用地
对居住和公共设施等环境基本无干扰和污染的工业用地，如电子工业、缝纫工业、工艺品制造工业等用地

M2 二类工业用地
对居住和公共设施等环境有一定干扰和污染的工业用地，如食品工业、医药制造工业、纺织工业等用地

M3 三类工业用地
对居住和公共设施等环境有严重干扰和污染的工业用地，如采油工业、采矿工业、冶金工业、大中型机械制造工业、石油工业、化学工业、造纸工业、制革工业、建材工业等用地

M0 新型产业用地
融合研发、创意、设计、中试、无污染生产等新型产业功能以及相关服务配套的用地

们的观念和行为，让更多人直观地感受到现代产业与商业文明的发展动力。

因此，通过"工业上楼"模式探索国土空间集约高效利用之路，可以推动城市工业从土地开发向产业开发、空间价值开发转变，实现城市经济从空间到产业的立体生长。城市也将通过"工业上楼"进行高效的自我更新、自我迭代，实现高质量可持续发展，从而引领粤港澳大湾区新兴产业流向，成为国际新"暖流"。

2.2

制造强国
战略的实施

作为一种新的产业发展与城市更新模式，"工业上楼"对于制造业的促进作用非常显著。

在国家经济体系中，制造业是立国之本、强国之基。2015年，李克强总理在政府工作报告中提出，要实施《中国制造2025》，坚持创新驱动、智能转型、强化基础、绿色发展，加快从制造大国转向制造强国。这是我国在信息技术与制造业深度融合，全球制造业呈数字化、网络化、智能化方向发展的大背景下所作出的重大历史抉择，在中国制造业发展史上具有里程碑式的意义。

《中国制造2025》对构成制造强国评价指标体系的各项具体指标进行了逐项的发展目标预测，将建设制造强国的进程大致分为三个阶段。

■ **第一阶段**：到2025年，综合指数接近德国、日本实现工业化时的制造强国水平，基本实现工业化，中国制造业迈入制造强国行列，进入世界制造业强国第二方阵。在创新能力、全员劳动生产率、两化融合、绿色发展等方面迈上新台阶，形成一批具有较强国际竞争力的跨国公司和产业集群，在全球产业分工和价值链中的地位明显提升。

■ **第二阶段:** 到2035年,综合指数达到世界制造业强国第二方阵前列国家的水平,成为名副其实的制造强国。在创新驱动方面取得明显进展,优势行业形成全球创新引领能力,制造业整体竞争力显著增强。

■ **第三阶段:** 到2045年,乃至建国一百周年时,综合指数率略高于第二方阵国家的水平,进入世界制造业强国第一方阵,成为具有全球引领影响力的制造强国。制造业主要领域具有创新引领能力和明显竞争优势,建成全球领先的技术体系和产业体系。

(资料来源:摘编自工业和信息化部官方网站)

制造业是国家繁荣的基础,实施制造强国战略,是我国吸取错失第一次、第二次工业革命的历史经验教训,主动应对新一轮科技革命和产业变革的重大战略选择,契合了"两个一百年"奋斗目标和"中国梦"的根本要求。《中华人民共和国国民经济和社会发展第十四个五年规划和2035年远景目标纲要》提出,要"深入实施制造强国战略""保持制造业比重基本稳定",进一步确立了制造业在国民经济中的地位。

总体看来,在"十四五"的开局阶段,我国的制造业延续了稳定恢复态势,在有关政策的大力推动下,制造业与服务业正在加速深度融合,新产业与新商业的结合正在变得越来越紧密,并以"产学研展商"高度融合的模式呈现。一批探索定制化生产、全生命周期管理、供应链管理、总集成总承包等领域的平台型企业正在不断涌现。

在"工业上楼"的模式中,平台型企业将制造业与服务业深度融合,使得生产要素可以得到统一的、集中的配置。通过精细化、集约化的生产制造,制造业企业可以集中核心力量,横向形成神经网络系统,纵向有机结合、集成实施,大幅度降低生产成本,加快科技发展与科技应用的速度,进而以更高效的管理和运作,获得可持续的核心竞争优势,为制造强国战略的实施提供可靠的支撑。

2.3

实体经济的
产业发展布局

改革开放四十多年来，我国是靠实体经济发展起来的，注定也要依靠实体经济走向新的未来。早在"十三五"时期，中央就围绕实体经济发展作了多次重要部署，无论是强调"着力振兴实体经济""夯实实体经济根基"，还是提出"坚持把做实做强做优实体经济作为主攻方向"，其出发点都是把发展经济的着力点放在实体经济上。如果能立足实体经济企业的发展，为其提供稳定可靠的支撑并解决其发展过程中遇到的难题，那么无论是对于国家还是企业，都将大有裨益。

工业是实体经济发展的主体，在经济增长目标的驱动下，工业发展往往面临加速转型升级和土地资源紧张的双重压力。"工业上楼"模式的诞生，可以强化对工业企业的帮扶和培育，引导工业向城市中心回流，避免城市产业空心化。因此，集成高效的都市产业载体是产业回流城市的基本诉求，而"工业上楼"的建筑产品可以立足实体企业，集中力量帮助它们解决用地难、建厂难、融资难、管理难等问题，从而实现政府、平台、企业多方共赢的局面，成为支持民族工业发展的重要举措，为中国经济的稳定持续发展作出贡献。

通过实践得出，在"工业上楼"模式的引领下，城市可以有效引导实体经济的产业发展布局，释放更多产业发展空间，实现空间与产业的聚集。

■　对入驻企业而言，生产空间的开发与建设并非实体企业尤其中小民营企业力所能及或专业擅长的领域。实体企业关注的是如何降低企业综合成本、增加效益，并在其行业的专业化、精细化、特色化、新颖化的领域取得更大突破，从而带动上下游企业共同发展。

■　对平台运营商而言，释放产业发展空间之后，可以更好地实现投资、开发、建设和运营的财务平衡，通过产业的"投融产"发展提高投资回报率。

■　对城市而言，围绕人才、税收、产业，作出相应的经济结构调整，可以有效引导产业布局、产业升级，实现产业之间的有机结合，形成产业超级矩阵，从而吸引人才，创造税收，完善产业链，形成多业态齐头并进的发展态势。

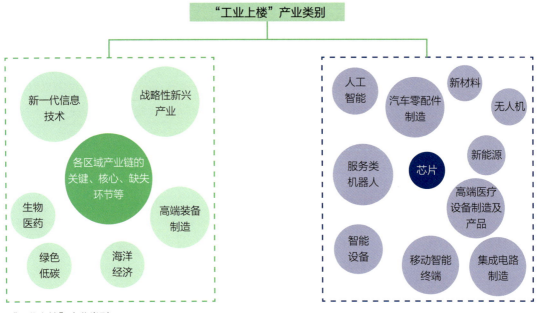

"工业上楼"产业类别

此外，在促进我国产业迈向全球中高端价值链的过程中，培育世界级的先进制造业集群是重要的举措之一。2020年5月18日，《广东省人民政府关于培育发展战略性支柱产业集群和战略性新兴产业集群的意见》提出，重点发展十大战略性

广东省 20 个战略性产业集群

十大战略性支柱产业集群	十大战略性新兴产业集群
（1）新一代电子信息产业集群	（1）半导体与集成电路产业集群
（2）绿色石化产业集群	（2）高端装备制造产业集群
（3）智能家电产业集群	（3）智能机器人产业集群
（4）汽车产业集群	（4）区块链与量子信息产业集群
（5）先进材料产业集群	（5）前沿新材料产业集群
（6）现代轻工纺织产业集群	（6）新能源产业集群
（7）软件与信息服务产业集群	（7）激光与增材制造产业集群
（8）超高清视频显示产业集群	（8）数字创意产业集群
（9）生物医药与健康产业集群	（9）安全应急与环保产业集群
（10）现代农业与食品产业集群	（10）精密仪器设备产业集群

支柱产业集群和十大战略性新兴产业集群，对20个战略性产业集群进行顶层设计，科学提出重点方向、区域布局和战略定位。

与其他世界级湾区相比，粤港澳大湾区的第二产业比重较大，并且拥有完善的产业链，工业实力极为强劲，是中国最大的高新技术产业集聚区。深莞惠经济圈、广佛肇经济圈、珠中江经济圈已经打造出了相当完善的工业链条，产业集群化、差异化为湾区经济的协同发展提供了良好的先决条件，新一代电子信息、绿色石化、智能家电、新能源（汽车）产业、软件与信息服务等产业集群具有坚实的发展基础和增长趋势。在这些产业集群的发展过程中，"工业上楼"空间载体模式将得到更为广泛的应用场景，也将拥有更为开阔的创新空间。

2.4

"专精特新"与
智能制造

　　未来的竞争，是精细化领域的体系竞争。产业要取得胜利，关键是让产业中的中小企业走上创新驱动的发展道路，充分发挥专业人才的优势，做出具有前瞻性、迭代性、持续性的优秀产品。其中也包括在传统的建筑产业中培育新的经济增长点。坚持"专精特新"，是推动区域产业高质量发展的必由之路，也是提升企业核心竞争力的根本路径。

关于"专精特新"

■　"专精特新"企业，指具有专业化、精细化、特色化、新颖化特征的工业中小企业。为培育中小企业发展，工业和信息化部在"专精特新"的标准上设置了四个梯度：第一个梯度是量大面广的创新型中小企业，第二个梯度是专精特新中小企业，第三个梯度是专精特新"小巨人"企业，第四个梯度是制造业单项冠军企业。

■　自2019年5月公布首批入选名单以来，截至2021年11月，工业和信息化部已培育出国家级专精特新"小巨人"企业4762家，带动省级专精特新中小企业4万多家，入库企业11.7万家。

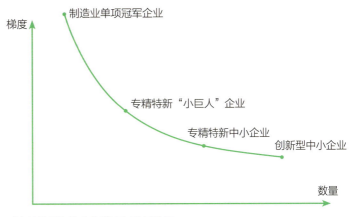

"专精特新"的企业梯度与数量关系

当前，以5G、大数据、物联网、数字孪生、云计算、人工智能为代表的新一代信息技术与制造业深度融合，应用范围向生产制造的核心环节不断延伸，驱动了制造业的产业模式和企业形态发生根本性的转变。数字化管理、平台化设计、智能化制造、个性化定制等方向都已成为兼具市场价值和发展潜力的领域，为了推动制造业转型升级，需要制造业企业不断提升自身的信息化水平，积极推动智能化的生产，并带动数字经济的发展，以研促产，以产带研。

通过新型产业模式的引导，企业从全生命周期的单一维度发展为多个维度，"专精特新"和智能制造成为新兴产业的未来方向。在这样的背景下，能够实现生产空间高密度组织、工业用地高强度开发的"工业上楼"已是大势所趋，亦是对智能制造新兴产业的强有力回应。

2021年11月4日，工业和信息化部等四部门发布《智能制造试点示范行动实施方案》，提出到2025年，建设一批技术水平高、示范作用显著的智能制造示范工厂，培育若干智能制造先行区，凝练总结一批具有较高技术水平和推广应用价值的智能制造优秀场景，带动突破一批关键技术、装备、软件、标准和解决方案，推动智能制造标准的试点应用，探索形成具有行业区域特色的智能转型升级路径，开展大范围推广应用。这为粤港澳大湾区的发展带来了新的机遇。

建筑是产业的载体，也是企业实现未来梦想的重要依托。钻研"工业上楼"的空间设计模式，可以从"专精特新"企业的共性需求和本地产业的发展特点出发，灵活地结合楼板荷载、柱网关系、建筑层高、物流动线、生产工艺、生产配套辅助设施等生产要素着手进行研发。同时，在园区规划布局和楼宇设计的过程中还应紧扣成本控制，确保满足"工业上楼"的硬性条件，建立智能化数字管理平台，以适应智能制造及智造配套的需要，实现从制造工厂到智造中心的焕新蝶变。

2021 年《智能制造试点示范行动实施方案》的部分内容

智能制造优秀场景	依托工厂或车间，面向单个或多个制造环节，提炼关键需求，通过5G、工业互联网、大数据、人工智能、北斗系统等新一代信息技术与核心制造环节的深度融合，重点梳理凝练可复制、可推广的智能制造优秀场景
智能制造示范工厂	聚焦原材料、装备制造、消费品、电子信息等领域的细分行业，围绕设计、生产、管理、服务等制造全流程，建设智能制造示范工厂，带动实现制造技术突破、工艺创新、场景集成和业务流程再造，发挥示范带动作用
智能制造先行区	支持产业特色鲜明、转型需求迫切、基础条件较好的区域创建智能制造先行区，完善政策体系，创新要素保障机制，加快新技术融合应用，构建完善区域智能制造发展生态，打造智能制造创新技术策源地、示范应用集聚区、关键装备和解决方案输出地

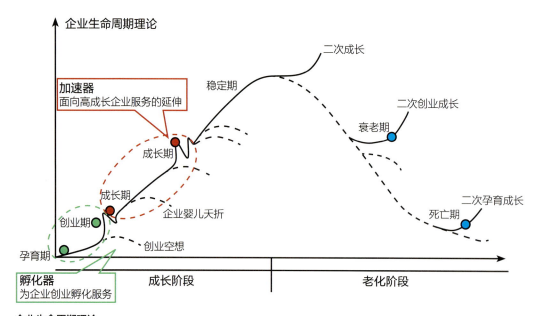

企业生命周期理论

2.5

从"产业胜利"
到"人的胜利"

近些年来，由于各类不可抗力因素的影响，再加上全球进入"后疫情时代"，世界经济发展速度呈现放缓的趋势，导致传统制造业市场持续萎靡，产能过剩的现象成为很多企业亟须解决的难题。

在许多中小企业里面，大多数工作仍然是由人工完成的，信息化和自动化水平相对较低。从长期来看，随着人口结构变化的加剧和劳动力成本的持续上升，这些中小企业的生存空间必将受到不同程度的挤压。因此，中小企业应积极引入信息技术，提升企业的数字化水平，摆脱对劳动力成本的依赖，这也是中国往发达国家发展的必然走向。

更重要的是从"工业上楼"的背后逻辑，即产业结构和人口结构变化的角度来看待产业转型升级的问题。其中，人是城市发展的主体，人口是一切经济社会活动的基础，也是经济社会发展的基本要素和动力，人口结构变化对于产业发展的影响更为基础，也更为彻底。

第七次全国人口普查的主要数据结果显示，全国人口共141178万人，与2010年相比，增加7206万人，增长5.38%，年均增长率为0.54%，创下新低。调查数据显示的两个趋势，即人口增速放缓和老龄化进程明显加快，对产业发展和经

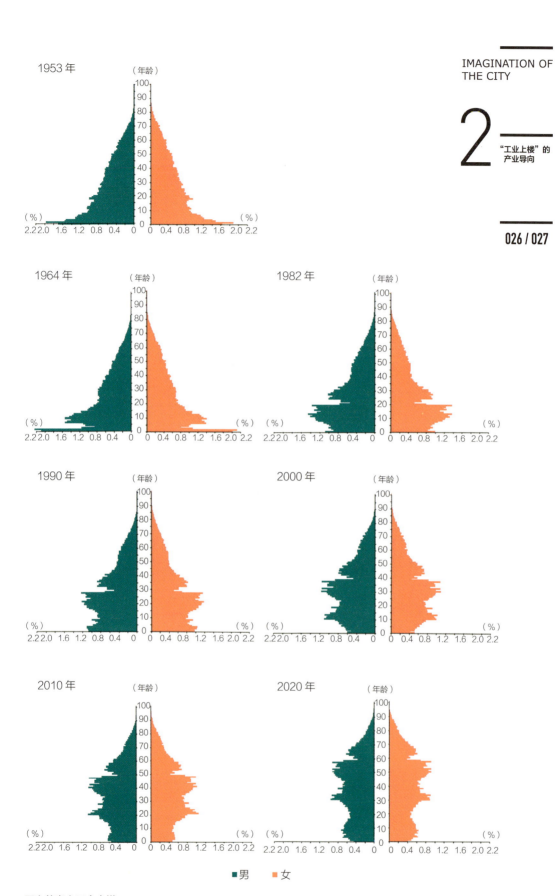

历次普查人口金字塔

资料来源：2020年第七次全国人口普查主要数据

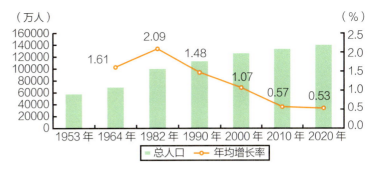

历次人口普查全国人口及年均增长率
资料来源：2020年第七次全国人口普查主要数据

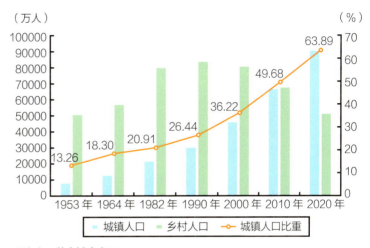

历次人口普查城乡人口
资料来源：2020年第七次全国人口普查主要数据

济结构调整提出了更高的要求。同时，城镇人口比重的逐年增加，也为城市治理带来了更大的挑战。

当前，我国社会主要矛盾已经转化为人民日益增长的美好生活需要和不平衡不充分的发展之间的矛盾，经济由高速增长阶段转向高质量发展阶段，高质量发展必须通过创新驱动、人才驱动来实现。在应对人口结构变化和人口老龄化方面，产业环境和商业文明的优化迭代是重要的举措之一，如何在不断变化的人口结构中满足人们更高层次的需求，从而推动城市和产业的高质量发展，是"工业上楼"模式的底层思考逻辑，决定了"工业上楼"模式的未来发展方向。

"工业上楼"的空间设计模式，实质上就是通过调整产业和经济结构，集约生产空间，降低生产成本，提高生产效率和管理水平。这对人才的科学意识和素质能力提出了更高的要求。而这一切，有赖于人们观念的转变和知识的更新，无论是设计者、决策者、审批方还是实施方，本质上均需要通过对从事产业相关的人才培养来实现。最终，只有通过一个个高度集成、集约利用空间布局的落地和实践，而非仅仅停留在理想与现实的矛盾和博弈之中，才能发挥产业及产业载体的专业化技术优势，使企业的生产、设计、研发环节不再受制于空间局限，并通过产业与产业空间载体的相互呼应、相互促进，不断提升产业发展水平，带动一大批产业人才成长，为城市发展带来源源不断的新动力，进而为满足人们更高层次的需求提供保障。

物质文化需要	➡	美好生活需要
解决"落后的社会生产"问题	➡	解决"不平衡不充分的发展"问题

我国社会主要矛盾发生深刻变化

自我实现	充分发挥潜能，实现理想抱负
尊重需求	内在价值肯定，外在成就认同
爱与归属	建立情感联系，归属某一群体
安全需求	保障安全稳定，免除恐惧威胁
生存需求	满足基本需求，维持个体生存

马斯洛需求层次理论

3

"工业上楼"的
设计维度

3.1

产业空间的
发展趋势

作为最重要的生产要素之一，土地资源对城镇化、工业化发展的支撑作用与制约作用都比其他生产要素更加显著。过去，为了求生存、谋发展，很多城市普遍采用低价甚至无偿出让工业用地的方式以吸引制造业资本进入，这种发展模式导致工业开发区占用土地过多，利用效率非常低，地均产出极为低下。

目前，我国大部分城市工业用地的平均容积率都小于0.8，很多地区的工业用地容积率甚至在国家规定的下限0.6以下，土地平均产出率非常低。像深圳的老旧工业区大多建成于改革开放初期，建设标准不高，机器或生产线笨重，很多企业只能将厂房选择在一楼，造成了极大的土地浪费，容积率一直上不去。

由于土地集约利用效率低，传统的产业园区往往会出现建筑品质不高、建筑风貌缺乏特色等问题，园区对外开放性非常弱，没有合适的公共服务空间，服务配套不完善，服务设施覆盖不全面，园区人气不足。

另外，传统的产业园区在交通组织上未考虑人人分流、人货分流、客货车分流等情况，导致园区出现交通拥堵、效率低下、品质不高、安全系数低等问题，例如，园区货车到达卸货

传统产业园园区风貌

传统产业园园区交通现状

平台的流线过长，很大程度上降低了交通效率，造成人货混流的生产安全隐患等。人流、车流、物流交叉分布的状况，是传统产业园区的痛点之一，需要在园区的设计中采取突出差异化、多样化以及全过程设计等手段，构建人畅其行、车畅其道、物畅其流的交通场景。

经过数十年的发展，产业园的空间形态发生了很大的变化，其承载的产业类型、发挥的园区功能以及相应的增值方式也产生了更新和迭代。高新技术跨界融合的新兴产业对生产研发的空间环境和厂房建设标准产生了更高的硬性要求，因而催生了以"工业上楼"为代表的新型产业空间载体。面对传统产业园区的空间局限，通过"工业上楼"实现高度集成和精细化管理，才有可能使高新技术、跨界融合的企业在产业转型升级的过程中赢得未来。

近些年来，一个个"工业上楼"项目在粤港澳大湾区的各大城市拔地而起，顺应了产业空间的发展趋势，在很大程度上提升了这些城市的生产力，帮助解决了一大批制造业实体企业的发展难题。可以说，"工业上楼"的载体模式是中国城镇化、工业化发展的必经之路，帮助一部分城市或地区实现了从"工业区"向"产业新城"的华丽转身，并为未来的几种产业园空间形态（产业综合体、专业产业园、多元化产城、无界共享企业空间等）积聚了发展势能。

3.2

"工业上楼"
建筑产品的创新设计

如前文所述，传统模式下经营的工厂基本都是处于"各自为政、单打独斗"的状态，在新建厂房或扩大经营时，往往会遇到用地难、建厂难、融资难、管理难等问题，非常需要有一个合适的平台帮他们整合资源，提供一些通用的、标准化的乃至定制化的服务。

在新的经济形势下，国家大力引导、扶持高端制造业的健康发展。一方面产业园的需求在扩大，另一方面传统的产业园区已不能满足这些高端制造业实体企业的生产需求，传统产业园区的建筑存在大量急需处理的问题，如何采取科学先进的设计方案去解决这些问题，将成为创新设计的一个突破口。

依据项目实践经验，"工业上楼"园区的总图布局应遵循科学合理的空间布局规律，建筑产品应实现多样化及灵活性功能，同时应结合成本控制，作精细化规划与设计。尤其在"工业上楼"建筑产品的创新设计中，若不进行精细化评估与规划，很有可能导致开发建设成本不可控，或是物流、空间、荷载、机电等无法满足企业生产需求。所以，"工业上楼"建筑产品的创新设计，要在九大设计要点（层数、层高、平面布局、标准层面积、柱距、承重、外立面风格、走廊宽度、垂直交通）的基础上，做好园区的"三区五线"设计，以便在更高的容积率下，更好地完成高度集成的空间呈现。

新型厂房（通用型"工业上楼"建筑产品）九大设计要点

序号	设计要点	具体要求
1	层数	常规12层以下，部分项目至15层
2	层高	首层6～8m，二层及以上4.5～6.0m
3	平面布局	大空间为主，垂直交通体管井尽量靠边
4	标准层面积	不小于2000m²，部分项目至6000m²（依据产业类别而定）
5	柱距	8.4m×8.4m，9.0m×9.0m
6	承重（每平方米）	首层1.5t，二至三层1.0t，四至十二层800kg，十二层以上250～350kg
7	外立面风格	现代简洁风格为主
8	走廊宽度	不小于3.0m
9	垂直交通	3t、2t货梯为主，部分项目需要5t货梯，每层需设吊装口

"三区"指的是办公区、生产区、配套区（含生产配套区和生活配套区）的合理布局，目标是实现园区与城市的相辅相成、产业与产业的互竞互融、人与自然的互亲互补。

"五线"指的是融合货物流线、员工流线、访客流线、消防流线、后勤流线于一体的立体分流交通体系，使五条流线尽量不重合交叉，避免互相干扰，又能互联互通，并使生产组团流线靠近周边交通，加快货流疏导。

例如某"工业上楼"纺织服装制造业产业园项目的总图布局，根据生产工艺需求在地块西侧设置了污水处理池，生产厂房设置在中部，不同楼栋的厂房之间设置连廊，加强了楼栋间的联系。

宿舍和研发大楼设置在地块东侧，远离污水池，且靠近城市主干道。宿舍楼设置了食堂、健身房、超市等场所，以满足

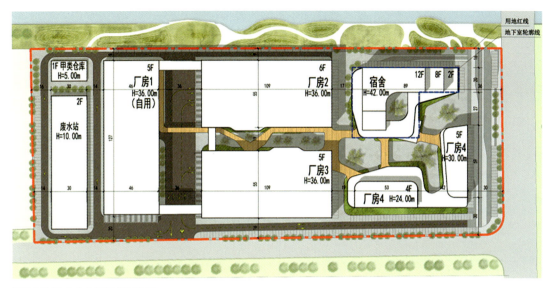

某纺织制造业产业园区总图布局

某纺织制造业产业园区效果图

职工的生活需求。在宿舍的立面设计上，通过集中晾衣房、智慧食堂等区域的空间设计，保证了立面的美观不受后期运营的干扰。研发大楼则设置了办公、研发、会议、展厅、直播平台等功能，以满足高端制造业的研发诉求和展销诉求，突出"产商结合"的新商业模式。

中部的三栋厂房均为60m高的高层工业厂房。将传统的单层厂房升级为高层厂房，满足了企业扩大生产及链接上下游企业的空间需求，同时为园区腾挪出更多的配套用房空间及公共休闲场所。

园区内部从研发、生产、生活到各种配套的高效便捷联系，以及各流线、各层面的企业形象展示，都通过该"工业上楼"建筑产品的创新设计得到了很好的体现。例如：生产流程可作为直播场景，增加可视化和透明消费的体验；自动化生产可结合立面进行统一集成设计，加强企业新工业形象；屋顶造型可结合光伏发电，以降低园区运营成本并展示产业、企业的新工业形象。

城市要创造产业空间，发展产业经济；产业要驱动城市更

新和完善服务配套，打造立体产城。未来城市创新发展的方向之一，是通过多地块的空中连廊衔接，以效率和利润为导向，串联产业资源，让产业回流城市中心，实现第二产业和第三产业的联动，最终形成产业"超级矩阵"，打造不断进化的"立体城市森林"。

因此，"工业上楼"园区配套除了满足自身需求，还应进一步服务周边社区，形成"从产业到产业文化，从工业到工业旅游"的都市产业、绿色共生体系，让城市肌理与自然风貌互相渗透，与自然环境共同生长。例如，依山就势或者契合城市原本肌理，让"工业上楼"建筑产品融入周围自然风貌，有景用景，无景造景，绿意顺势铺开，在冰冷的钢筋水泥中注入自然的活力，为城市增添盎然生机。

粤港澳大湾区某产业园区鸟瞰图

3.3

实现"双碳"城市目标

　　2030年之前实现碳达峰、2060年之前实现碳中和（以下简称"双碳"目标），是中国为应对全球气候变化而作出的庄严承诺，也是"十四五"规划和未来相当长的一段时间内中国经济社会发展的重要主题。

　　城市作为人口、建筑、交通、工业的集聚地，是最大的能源消耗地，也是推动低碳经济转型与经济社会高质量发展的重要空间和行动单元。"双碳"目标下，城市的更新发展、产业的转型升级迎来了重要机遇，同时也面临着重大挑战。如何通过建筑设计，赋能"双碳"目标的实现，成了相关从业者重点关注并将在未来持续践行的课题。

　　对于不同区域和不同类型的城市而言，产业结构是城市经济发展状况的重要表征，差异化的产业结构决定了不同城市实现"双碳"目标的不同侧重点和不同路径。其中，工业主导型城市的发展状况比较具有代表性，尤其是粤港澳大湾区的东莞、珠海、佛山、中山等以装备制造业为主导产业的城市，可以充分发挥其工业基底雄厚的优势，不断延长产业链，从简单加工到复杂制造，从低成本出口的制造业发展为创新驱动的高端制造业，着力发展战略性支柱产业集群和新兴产业集群，进而完成产业的转型升级。

绿色建筑案例——新加坡皮克林酒店
图片来源：皮克林宾乐雅酒店. 世界建筑导报，2016，6.

在产业结构调整的过程中，"工业上楼"将发挥巨大的优势，为高附加值、低能耗的新型工业提供出色的空间载体，并在推进建筑行业的绿色转型、数字管控、智慧运营等方面作出良好的示范，做到高效、低碳。

在"工业上楼"的空间载体中，通过科学合理的空间布局设计，可以在建筑中充分应用先进的科学技术，例如智能能耗监测、智慧物流系统等打造高效、低碳、绿色的建筑空间，并结合生产管理上的丰富经验，根据企业的生产研发需求，加快形成新兴产业集群。

同时，新兴产业集群的形成，有利于太阳能光伏发电、生物质能、风能等新能源的工艺技术进步和设备研发创新，可以提高"工业上楼"项目的科技应用水平，从而在技术应用层面向着"双碳"目标不断迈进。"工业上楼"建筑载体与新能源、可再生能源科学技术应用的双向融合，可以为城市实现"双碳"目标作出重要贡献。

从更大的空间范围来看，城市之间的竞争与合作，可以为实现"双碳"目标提供更强有力的保障。自2010年以来，国家发展改革委先后启动了三批低碳城市的试点工作并取得了良好的成效。充分发挥对口协作在低碳发展领域的作用，合作共建低碳示范园区，完善城市低碳发展的信息披露与经验交流机制，可以最大限度地发挥各个城市的优势。

而在城市与城市的竞争合作中，"工业上楼"作为一种新型产业"流向"，将迎来更重要的使命和更大的施展空间。

4

"工业上楼"的
招商运营

4.1

市场调研与数据整合

　　与房地产和传统的产业地产相比,"工业上楼"项目的产品标准更高,开发难度更大,回报周期更长,既要面对考核标准越来越严苛的政策要求,还要面对投资环境越来越复杂的企业诉求,如果在设计上没有进行全面的考量和权衡,那么整个项目的生命力和可持续性就会受到很大的影响。

　　市场上有许多产业项目,就是因为缺乏对市场需求的深入调研,仍然跟风式地停留在房地产和传统产业地产的开发思维上,不了解市场和企业的实际需求在哪里,导致项目定位不清晰,特色不鲜明,功能不匹配。这样的产业项目,就算成功地把楼房建了起来,也很难在市场上形成竞争力,最终导致招商成为难题,从而加重存量市场负担。

　　作为引领社会进步的核心要素之一,建筑载体的设计必须具备充分的前瞻性,同时具备精细化设计及设计管理体系。尤其是在当前土地资源紧缺的情况下,必须结合城市、区域的定位,关注并预判最终消费群体的诉求,确定其建筑产品符合"工业上楼"项目的业态和功能,才能为经济结构调整助力,最大限度地发挥建筑载体的价值。

　　因此,只有先进行充分的市场调研,以数据指导产业转型升级,确定"工业上楼"项目的可能性和可行性,并分析各方面的现状和需求，才有可能做出好的"工业上楼"建筑产品。对"工业上楼"的建筑设计方而言，虽然设计单位不是主导者，但做好建筑产品是"工业上楼"项目的基础，只有将视野从楼宇设计的技术板块扩充到前端的策划和后端的运营板块，将项目负责人对设计的抽象化概念进行具体分析，关注整个建筑的全生命周期，才能做出最理性和最具人性化的建筑空间。

而设计者和决策者应充分理解对于不同类型的实体企业，虽然企业发展的核心都是降本增效，但头部企业、成长型企业、初创型企业的诉求存在着比较明显的差异，需要在做市场调研的时候重点关注和区分。

■ **头部企业**：在市场竞争中已经取得了较大的优势，具有很强的产业链整合能力，因此通常会更关注新兴产业的发展动态以及自身产业的创新动向，以保持对市场的敏锐度，寻找新的增长点，建立新的领先优势，创造多维发展空间。

■ **成长型企业**：自创办以来，已经得到了至少一轮的快速发展，接下来需要努力突破资源的限制，并在同级别的企业中找到优势互补、市场匹配的合作伙伴，进而不断巩固核心竞争力，寻求进一步的突破和超越。

■ **初创型企业**：事业刚刚起步，尚未在同行业和产业链中建立优势，因此需要在确定了方向之后通过一定时间的积累和拼搏，打通企业发展的路径，聚集一批优秀的人才，同时在市场中保持灵活性和迭代性，直到进入第一个快速发展的阶段。

无论是头部企业对市场动态的灵活应对，还是成长型企业对优势资源的丰富诉求，抑或是初创型企业对发展方向的坚定执行，在当前和未来的市场环境中，都需要大量核心数据的支撑，并通过对数据的灵活高效应用为企业赋能。平台运营商只有通过实地走访，形成产业及产业载体需求数据，然后对数据进行研判并在过程中找到最合适的答案，才是"工业上楼"建筑产品核心竞争力的来源。过程中的动态管理，后期的招商和运营工作，都应该围绕这些数据逐步展开。

因此，"工业上楼"的载体呈现，归根到底还是要以企业为基底、以产业为依托，只有充分熟悉城市的业态、企业的发展、市场的需求，对未来城市发展进行前瞻思考并形成数据优势，才能让后续开发的产品持续迭代，满足产业转型升级的需要。

许多品牌企业想做"工业上楼"项目，也非常重视市场调研，但往往因为找不到合适的策划团队和设计团队，只能找房地产或商业地产的策划研究公司。事实上，"工业上楼"项目跟房地产、商业地产以及传统的产业地产有着本质的区别，方法不同、整体开发运营的思路也不一样。由于不同时期、不同地区、不同企业的需求不尽相同，每一个"工业上楼"项目都是不可复制的，只有在行业内积累丰富经验并建立完善数据库的专业策划团队和设计团队，才能精准把握需求，用细节决定成败。

从业主抑或是开发商的角度考量，"工业上楼"数据库也是完成经济测算的重要依据。不同于高周转、高回报的传统房地产，"工业上楼"项目无法做到高周转，只有在数据研判的基础上建立可以良好运转的投资模型，才能充分整合地产资源、产业资源、区域资源、社会资源，聚集高端产业链，实现从单纯的开发商向土地运营商、城市运营商、产业运营商、物业运营商的转变。

4.2

做好"招商"和"选商"

　　数据库的建立，可以对"工业上楼"项目的招商提供极大的帮助。通过对数据的精细化分析，平台运营商可以充分了解企业的诉求，从而优化"工业上楼"建筑产品及其配套产品的设计。同时，招商的过程也是形成新数据的过程，在未来产业的诸多不确定因素中，越来越丰富的数据可以为后续的运营提供充分的依据。

　　在招商实践中，要把系统而复杂的招商工作做好、做实、做出色，还需要在数据研判的基础上做大量具体的工作，概括地说就是全员招商、渠道招商和产业链招商。

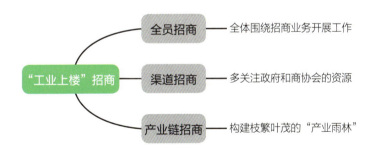

　　全员招商，就是全方位打造一支能打硬仗的招商组合团队，让参与项目的各方（包含但不限于策划方、设计方、决策方及政府审批方）均能为项目的运营作贡献。除平台运营商自身的招商团队，更要注重服务于"工业上楼"项目的各专业团队，尤其是策划和设计团队，利用其深耕多年的实践数据为项

目导入能量，减少试错成本，以便多维度地、最大限度地提升招商团队的战斗力，提升招商工作的效率和执行力，进而提高市场影响力。在设计服务团队前期市场调研数据的支持下，平台的所有单位、部门和参与者都应围绕招商团队的业务提供服务、保障和供给，全方位掌握项目情况，在拓展客户的同时也引导、扶持和帮助企业解决入驻难题甚至发展难题，使企业的签约入驻水到渠成，并产生良好的口碑效应。

渠道招商，就是在外部激励机制的作用下，围绕"工业上楼"项目的产业定位，利用外部资源渠道，以客户需求为导向，设计招商产品组合，吸引行业龙头和隐形冠军企业进驻，进而形成品牌效应，使产业空间获得更多优质企业的青睐。在外部资源渠道中，政府和商协会尤为重要，他们对产业、企业的信息和资源有着清晰的认识，也非常愿意为当地的发展作出贡献。

产业链招商，就是围绕行业龙头和隐形冠军企业，优化提升城市和平台的承载力，助力中下游企业集聚，完善城市配套建设，构筑适合产业成长的产业生态，发挥协同效应，最终构建枝繁叶茂的"产业雨林"。产业链的上下游在一起，既可以减少盲目性，提高招商成功率，也可以使企业优势互补，使资源高效对接，为后期的运营服务和产业生态系统的搭建做好充分的准备。

在全员招商、渠道招商、产业链招商之间，其实并没有非常清晰的界限，三者相互补充、相互促进，共同为"工业上楼"项目的建设和发展铺平道路。只有把系统而复杂的招商工作做到位，精准定位、精确谋划，并站在客户的角度把握好细节，用主动式的服务、个性化的定制、系统化的方案帮助客户发现问题、解决问题，才能在激烈的市场竞争中脱颖而出。想企业之所想，想企业之未想，才能变"招商"为"选商"，从而使"工业上楼"项目的效益最大化。

4.3

多元化公共服务平台

高端、新型产业链的聚集，对土地运营、城市运营、产业运营、物业运营等各个方面都提出了非常高的要求。

2021年12月12日，国务院印发《"十四五"数字经济发展规划》，明确了"十四五"时期推动数字经济健康发展的指导思想、基本原则、发展目标、重点任务和保障措施，提出"积极探索平台企业与产业园区联合运营模式，丰富技术、数据、平台、供应链等服务供给，提升线上线下相结合的资源共享水平，引导各类要素加快向园区集聚"。

在数字经济领军企业的引领带动下，未来的"工业上楼"平台数字化运营体系的构建，将会通过5G、大数据、物联网、数字孪生、云计算、人工智能等新兴技术，最大化地破除信息壁垒，消隐认知边界，用发展的眼光打造一个数字化、智能化、泛在化的运营服务信息平台。自动化生产、自动化组装、数据监测等技术将为新工业赋能，令其具有更专业、更精细、更新颖、更具特色的发展特征；在线办公、远程会议、线上物业、遥控生产、机器人配送等配套服务将会得到真实应用和提升，以满足全新的应用场景，构建科技文化融合的产业生态体系。

因此，无论是通用型的"工业上楼"（以政府或产业地产平台运营商为主导的"工业上楼"项目）还是定制型的"工业上楼"（企业自发投资的"工业上楼"项目），抑或是兼具通用型和定制型特点的"工业上楼"，都需要根据企业的发展需求量身定制高标准生产研发空间。在这样的情况下，"工业上楼"的空间载体模式，应以企业加速为核心，以产业发展为驱动，以金融服务为手段，打造一个强而有力的多元化公共服务平台，为制造业提供高标准的服务。

多元化公共服务平台作为"工业上楼"园区服务的重要载体和实现途径，同时也是衡量"工业上楼"核心竞争力的重要指标之一。不同于传统的工业园区，"工业上楼"园区的定位和模式让其善于整合各种资源，即能够对不同来源、不同层次、不同结构、不同内容的资源进行甄别与取舍，碰撞与融合，使其具有很强的系统性和价值性。譬如，对于不少想扩大再生产的企业来说，金融服务是最关键的一环，那么"工业上楼"园区平台运营商就会引进天使投资、风险投资、私募基金、投资银行等金融服务业及中介机构，为企业提供各类金融服务。同时，平台运营商还可以建立各类信息化公共服务平台，加强与企业的沟通交流。

"工业上楼"平台可以提供的公共服务

市场服务	市场营销策划、市场渠道对接、市场策略分析
经营服务	一般事务协调、管理咨询培训、参与企业管理
信息服务	行业信息交流、科技信息交流、文化信息交流
技术服务	知识产权保护、技术实验优化、技术检测认证
金融服务	企业股权融资、企业债券融资、企业上市辅导
人才服务	人才招聘中介、人事外包服务、建立人才市场
培训服务	企业定制培训、员工远程培训、培训资源对接

多元化的公共服务，是入驻企业在物理空间需求的基础上衍生出来的增值需求，可以为入驻企业提供更广泛、更深层次的延伸服务体系，从而为平台注入全新的活力。除此之外，

"工业上楼"平台运营商还应关注企业的使用后评估，只有不断倾听企业的需求，积极回应企业的诉求，验证初始数据的合理性并产生新的数据，才能让后续开发的产品迭代升级，使平台运营商除了做好入驻企业的全生命周期服务，也可以让"工业上楼"项目拥有自身的全生命周期运营能力。这样，平台运营商才能始终围绕城市和产业的发展，搭建服务体系、形成正向循环，与入驻企业共同成长，互相成就。

"工业上楼"平台的全过程管理

5

“工业上楼”的
实践案例

5.1

松湖智谷

项目位置：东莞市寮步镇

总用地面积：121万m²

用地性质：M1

容积率：1.5~4.5

建筑构成：超高层、高层厂房

总建筑面积：219万m²

建筑高度：147m/100m/60m

建筑层数：地下1层/地下2层；地上最高34层，工业上楼
产品11~15层

停车位：共8865个

运营情况：本项目分期开发，其中一、二期已投产

特点

1. 工业上楼建筑产品组合设计研究并实践的成功案例；

2. "生产、生活、生态"三生融合的产城融合实施效应典范；

3. 助力企业（产业）转型升级探索实践的成功案例。

办公、生产厂房的空间组合产品形式研究

1. 四种基本组合形式a

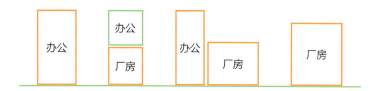

2. "办公+厂房"组合形式b——退台式厂房

根据不同厂房面积需求逐层递减，减少对住宅区遮挡。

3. "办公+厂房"组合形式c——并联式厂房

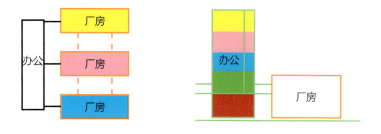

多个厂房共用办公及配套设施，厂区保留拓展空间。

4."办公+厂房"组合形式d——并联式厂房

厂房
办公
厂房

厂房		厂房
厂房	办公	厂房
厂房		厂房
厂房		厂房

多个厂房共用办公及配套设施，厂区保留拓展空间。

不同的厂房形式满足不同的企业需求，同时合理地配置些相关的配套，激活整个工业园区。

"松湖智谷"整体鸟瞰模型

项目主要参数

1. 轴网尺寸: 8.4m×8.4m, 局部10.5m×8.4m。

2. 层高: 厂房首层6.0m、二层及以上4.5m, 局部根据工艺需要设置9~14m层高, 宿舍3.3m。

3. 电梯配置

厂房A: 3.0t货梯2部, 2.0t货梯2部, 1.6t消防梯兼无障碍客梯2部, 货梯平均9500m²/部;

厂房B: 3.0t货梯2部, 2.0t货梯2部, 1.6t消防梯兼无障碍客梯2部, 货梯平均11550m²/部;

厂房C: 1.15t客货梯5部, 1.15t消防梯兼无障碍客梯1部, 客梯平均5000m²/部。

结合立面设计每栋生产厂房均配备吊装平台, 解决大件设备上楼问题。

4. 荷载

厂房A/B: 首层10.0kN/m²、二层及以上7.5~8.0kN/m²;

厂房C: 首层5.0kN/m²、二层及以上3.5kN/m²。

5. 空调: 厂房预留3P分体机、本层集中VRV、屋顶集中水冷机组3种空调形式, 且预留了相应管井。

6. 废气: 厂房每层预留1~2m²排废气井通至屋顶。

7. 油烟: 每栋均预留1~2处排油烟井通至屋面, 以便将来首层可以灵活改造。

一期总平面图

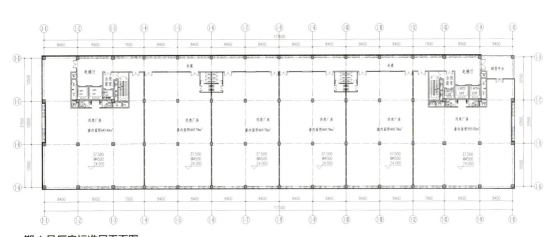

一期 1 号厂房标准层平面图

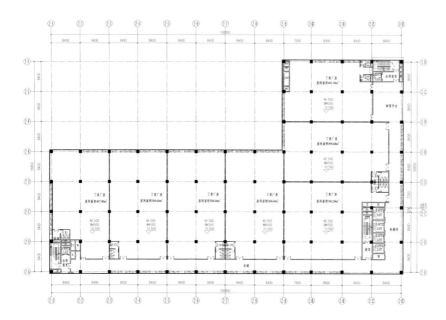

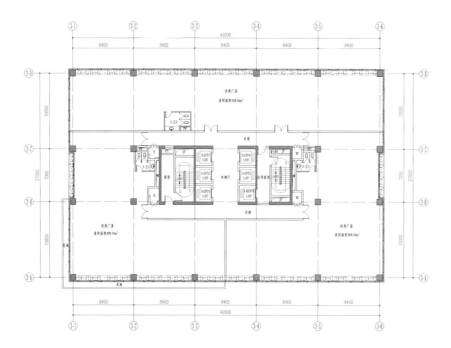

一期 2 号厂房标准层平面图   二期总平面图

一期 3 号厂房标准层平面图   二期 1 号厂房标准层平面图

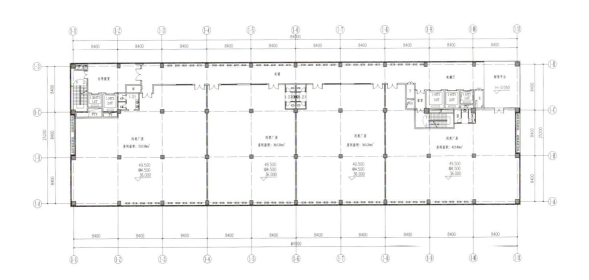

二期 2 号厂房标准层平面图　　　　三期 1 号厂房标准层平面图

三期总平面图　　　　　　　　　　四期总平面图

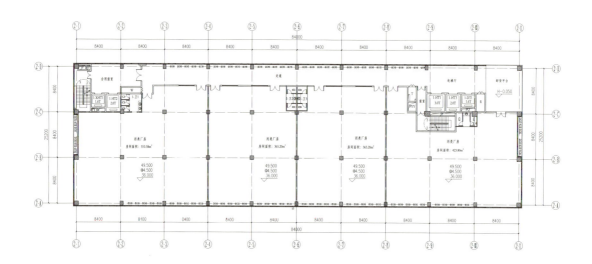

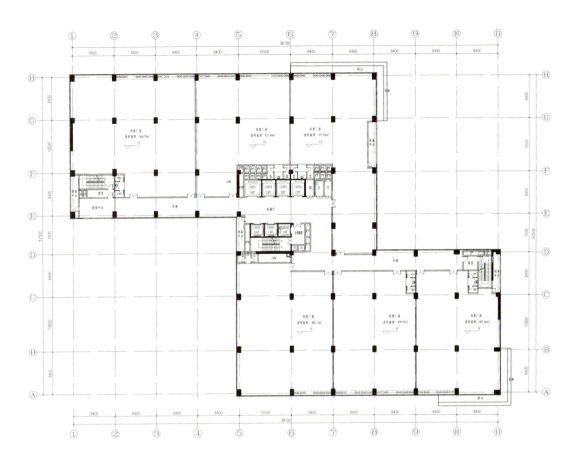

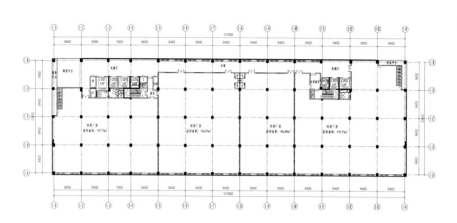

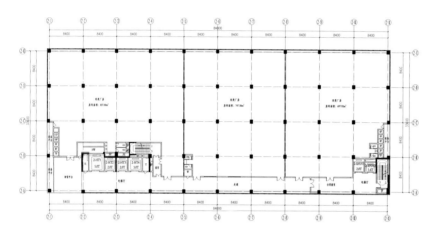

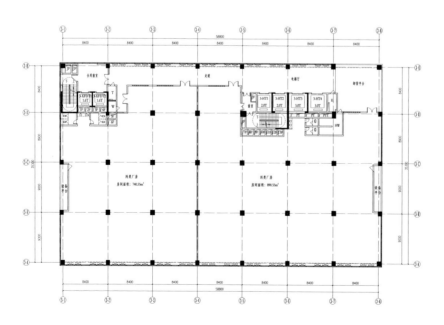

四期 1 号厂房标准层平面图

四期 2 号厂房标准层平面图

四期 3 号厂房标准层平面图

项目实景图

结论

1. 作为"工业上楼"实践的代表项目，本项目最大限度提高了企业的复合程度和工业上楼产品比例。

2. 未来东莞的新型工业比率将会稳步增长，标示着新型产业发展的新方向。

3. 从建筑产品设计到产业运营，均为生产带来更高的附加值，满足未来企业的迭代升级需要。

5.2

格力三溪科创小镇

项目位置：珠海市香洲区沥溪村

用地面积：启动区总用地38万m²，其中建设用地17.2万m²

用地性质：M0/M1/B1/B2/B6/R2

容积率：3.0～4.0

建筑构成：研发办公、高层厂房、配套宿舍及商业、住宅、酒店、文物保护

总建筑面积：113万m²

建筑高度：150m/100m/50m/12m

建筑层数：地下2层、局部地下3层；地上最高36层，"工业上楼"产品9～13层

停车位：共5520个

运营情况：本项目分期开发，一、二期已开工建设

特点

1. 探索"新产城融合"规划及"工业上楼"建筑产品组合设计研究的实践；

2. 探索构建"智慧园区+智慧社区"发展新模式，实现"生活、生产、生态"24小时圈层的实践；

3. 探索产业发展、生态修复、文物保护同文创相结合的产业新模式，助推珠海科技创新、产业升级与城市更新的重要抓手。

山溪环绕
山水融城

启动区依山就势，整体融入凤凰山森林公园，绿意顺势铺开，形成山水融城的格局。

规划布局

地块优势：地块周边交通便利，紧邻凤凰山、简氏宗祠、苏曼殊故居，山水人文资源得天独厚。

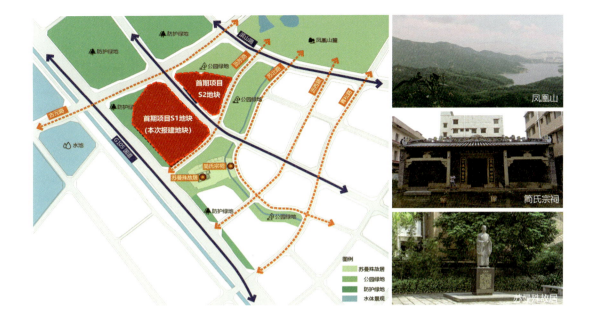

凤凰山

简氏宗祠

苏曼殊故居

规划设计目标

1. 融入自然，构建生态智慧园区：启动区依山就势，整体融入凤凰山森林公园，绿意顺势铺开，形成"生态绿谷，山水融城"的空间格局，逐级提升的退台式城市院落，再次延展视线通廊。通过多地块的空中连廊衔接，形成共享生态体系，串联产业资源，实现"多维云环"。

城市退台
绿意延伸

在原有规划基础上延伸人文景观带，通过周边地块建筑的退让以及建筑空间的错落布局，层叠生长绿色形成更加开阔的绿谷。

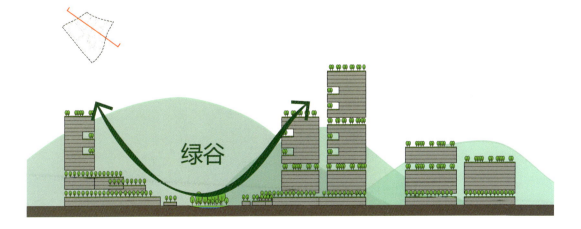

绿谷

2. 传承文脉，聚合科研创意空间：通过保留、修缮、重塑，提升苏曼殊故居、简氏宗祠片区的街坊场所状态，整体打造成文化创意步行街区。"纵横山溪"的布局形态，张弛有度的外部空间，疏密有致的建筑体量，极大程度地降低对该片区的压迫感，延续宜人的空间尺度，引街串巷，新老联动。关注文化延续，尊重文脉传承，让城市留下记忆，让人们记住乡愁。

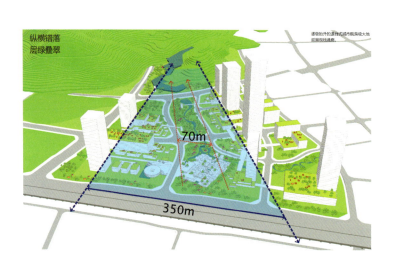

3. 完善配套，推动产业集群发展：将院落式的步行体系通过垂直交通上下串联各类配套设施，体块互相咬合穿插，形成更多的共享交流场所。

4. 集"产、学、研、展、商"完善的服务配套系统给予园区企业全方位的支持，为生产和研发提供"一站式"的服务体系，奠定企业发展基础和产城新篇章。

总体布局设计

在集约用地的情况下，将1栋A座150m超高层产业研发塔楼临G105国道设置，凸显城市标识性；将1栋B座长135m×宽48m大平层产业研发塔楼沿东北角布置，将大平层塔楼抬起，水平摩天楼漂浮空中，形成绿岛云台；底下1~3层植入产业配套空间（商业），形成多孔隙空间体系，这样建筑形态适应亚热带气候特点，实现有效的城市通风，调节区域微气候，提供良好的驻足休憩空间，建筑体量逐级抬升，尊重苏曼殊故居、简氏宗祠文化创意街区尺度；2栋产业招商中心设置在用地东南侧，作为汇集科技、人文、生态枢纽，着眼于启动区的整体联动发展。

方案布局及生成

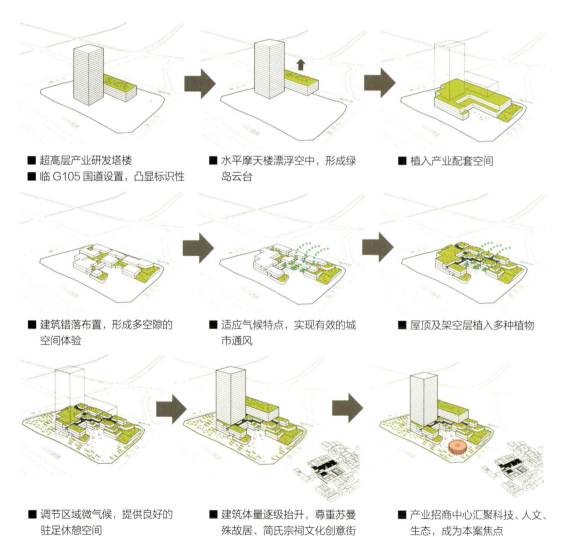

■ 超高层产业研发塔楼
■ 临 G105 国道设置，凸显标识性

■ 水平摩天楼漂浮空中，形成绿岛云台

■ 植入产业配套空间

■ 建筑错落布置，形成多空隙的空间体验

■ 适应气候特点，实现有效的城市通风

■ 屋顶及架空层植入多种植物

■ 调节区域微气候，提供良好的驻足休憩空间

■ 建筑体量逐级抬升，尊重苏曼殊故居、简氏宗祠文化创意街区尺度

■ 产业招商中心汇聚科技、人文、生态，成为本案焦点

产品研究

本项目根据项目自身特点，探索大平层创意工坊、超高层产业楼、独栋企业总部、配套商业相结合的全新产商发展模式，并可在企业不同发展阶段进行灵活变化。

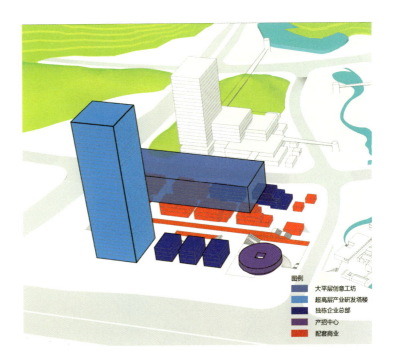

图例
- 大平层创意工坊
- 超高层产业研发塔楼
- 独栋企业总部
- 产招中心
- 配套商业

根据任务书要求，计容积率建筑面积为 156583.80m²。
功能分为两个主要部分：
产业用房：125267.04m²
产业配套：31316.76m²。

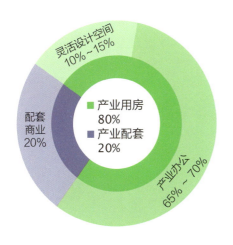

项目规划用地与建筑面积

项目		数量（单位：m²）
规划总用地面积		39145.95
总建筑面积		194200
计容积率建筑面积		156560
其中	产业办公	126710
	产业配套（配套商业）	29850

项目主要参数

1. 轴网尺寸：9.0m×9.0m，8.4m×8.4m。

2. 层高：厂房首层5.8m、二层及以上5.5m，研发楼首层5.8m，标准层4.2m，宿舍3.3m。

3. 电梯配置

A座产业楼：1.6t客梯15部，1.6t消防梯兼无障碍客梯1部，客梯平均5300m²/部；

B座产业楼：1.6t客梯6部，2.0t货梯2部，1.6t消防梯兼无障碍客梯2部，客货梯平均5400m²/部；

轻型厂房：2.0t货梯1部，3.0t货梯1部，1.6t消防梯兼无障碍客梯2部，客货梯平均4400m²/部。厂房立面设计配备吊装平台，解决大件设备上楼问题。

研发宿舍综合楼：1.6t客梯4部，1.05t客梯3部，1.05t消防梯兼无障碍客梯1部，客梯平均5300m²/部。

4. 荷载

A座产业楼：一至四层3.5kN/m²、五至九层5.0kN/m²、十层、二十一层（避难层）4.0kN/m²、十一层15.0kN/m²、十二至二十层3.5kN/m²、二十二至三十二层2.0kN/m²；

B座产业楼：一至四层3.5kN/m²、五层7.5kN/m²、六层、九层5.0kN/m²；

轻型厂房：一层15kN/m²，二层及以上7.5kN/m²；

研发楼：研发区3.5kN/m²、宿舍区2.0kN/m²。

5. 空调：产业楼、轻型厂房、研发宿舍综合楼均在每层集中设置多联机。

6. 废气：厂房每层预留1~2m²排废气井通至屋顶。

7. 油烟：每栋塔楼均预留1~2处排油烟井通至屋面，以利将来首层可以作灵活改造。

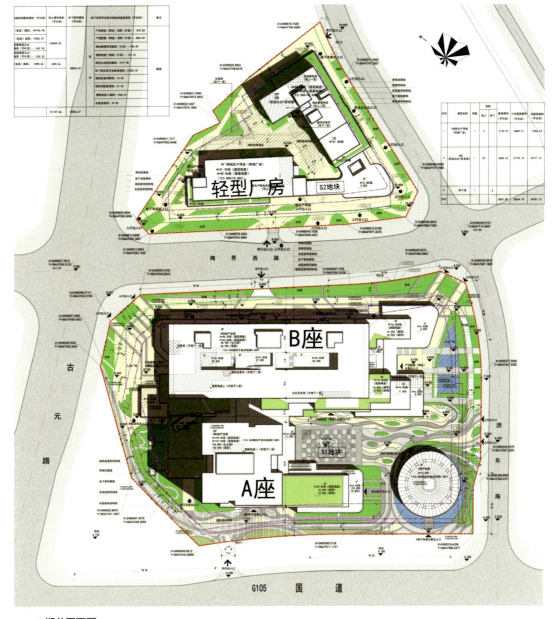

一、二期总平面图

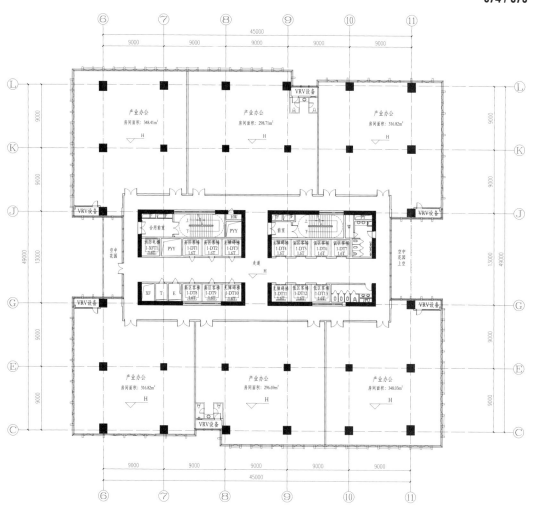

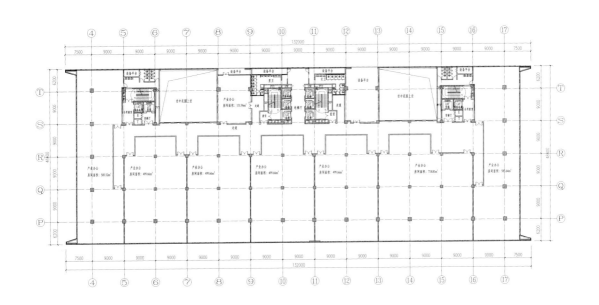

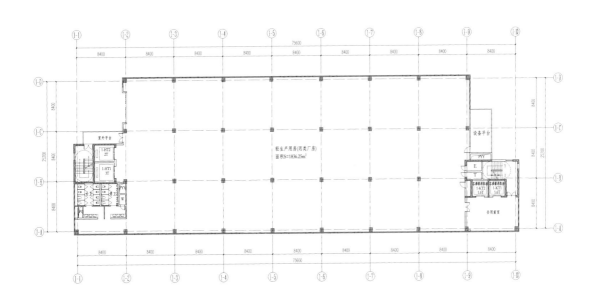

A 座产业楼标准层平面图　　　　B 座产业楼标准层平面图

轻型厂房标准层平面图

透视效果图

梅 界 西 路

古 元 路

沥 东 路

① 科创广场
② 螺旋水景
③ 线性草坪
④ 滤芯广场
⑤ 四叶草旱喷
⑥ 飞云流瀑
⑦ 晶元水景
⑧ 风尚广场
⑨ 精神堡垒
⑩ 集成广场
⑪ 交流平台
⑫ 曲线草阶
⑬ 灵感花园
⑭ 阳光草坪
⑮ 四叶草广场
⑯ 创新之眼

G105 国道

绿化景观总平面图

结论

1. 本项目为结合文物保护、文创旅游及科技创新产业等多业态的新产城融合提供了新思路。

2. 本项目为珠海市产城融合及旧城改造探索出了新模式。

3. 未来珠海的新型产业项目比例会稳步增长，标示着新型产业发展的新方向。

5.3

中安产城产业园

项目位置：肇庆市高新区大旺大道以西

用地面积：119482m²

用地性质：工业用地

容积率：2.63

建筑构成：研发办公、多层厂房、高层厂房、配套宿舍及
商业

总建筑面积：32.1万m²

建筑高度：100m/24m

建筑层数：地下1层，地上最高23层，"工业上楼"产品
4～10层

停车位：共564个

运营情况：本项目分期开发，一、二期已完工

特点

1. 探索小型、中型、大型等多种"工业上楼"建筑产品组合同当地产业特点相结合的实践;

2. 构建覆盖"5G+千兆光网+智慧专网+卫星网+物联网"的通信网络基础设施体系,为率先实现万物互联奠定坚实基础。

规划布局

地块优势

地块周边交通便利,紧邻珠三角环线高速大旺北出口;周边产业比较成熟,西邻宁德时代产业园,东侧为亚洲铝业,南侧为规划中的新能源科技小镇。

规划设计目标

1. 打造以生产为主的高效便捷的园区产业。生产物流同人员流线、配套服务等流线相对分离,保证园区生产高效便捷。

2. 提供定制化的"工业上楼"建筑产品,满足不同企业需要。本项目提供独栋式小型厂房、独栋式中型厂房、高层大型厂房等多种类型产品,分别按企业需求提供不同的柱网、荷载、层高等参数,满足企业个性化需求。

3. 完善配套,推动区域产业集群发展。充分发挥本项目丰富的产品线优势,整合周边项目资源,完善项目配套设施,推动"产、学、研、展、商"区域产业集群发展。

总体布局设计

配套宿舍、公寓、商业、研发办公等功能布置在用地南侧,各种类型厂房按小型、中型、大型分组团布置在用地北侧,厂房区域从东侧直接进出,功能分区明确、各种流线清晰。建筑布局既考虑了园区的整体形象,又保证了生活配套区的采光、通风、日照,避免了噪声、工业"三废"(废气、废水、废渣)干扰,也兼顾了各种流线顺畅、便捷的需要。

中安产城产业园鸟瞰图

建筑效果图

产品研究

本项目根据地域产业特点，提供独栋式小型厂房、独栋式中型厂房、高层大型厂房等多种"工业上楼"建筑产品，同时提供平层宿舍、复式公寓等多种配套产品，满足不同企业的多种需求。

项目主要参数

1. 轴网尺寸：小型厂房9.0m×7.5m，轻型厂房8.4m×8.4m，中型厂房12.0m×10.0m，10.0m×10.0m，9.0m×8.5m，大型厂房10.0m×10.0m。

2. 层高：小型厂房首层5.2m、二层及以上4.2m；轻型厂房首层7.9m，标准层5.0m；中型厂房首层7.9m，标准层5.4~6.0m；大型厂房首层7.9m，标准层6.0m；宿舍3.6m，公寓4.5m。

3. 电梯配置

小型厂房：0.8t客梯2部，客梯平均500m²/部；

轻型厂房：3.0t货梯1部，1.6t消防梯兼无障碍客梯1部，客货梯平均3200m²/部；

中型厂房一：3.0t货梯1部，1.25t消防梯兼无障碍客梯1部，客货梯平均2600m²/部；

中型厂房二：3.0t货梯1部，2.0t货梯1部，1.6t消防梯兼无障碍客梯1部，客货梯平均3400m²/部；

大型厂房：3.0t货梯2部，2.0t货梯2部，1.6t消防梯兼无障碍客梯4部，客货梯平均5500m²/部；

厂房立面设计配备吊装平台，解决大件设备上楼问题。

4. 荷载

小型厂房：一层至四层2.0kN/m²；

轻型厂房：一层20.0kN/m²、二层至五层7.5kN/m²、六层5.0kN/m²；

中型厂房：一层20.0kN/m²，二层及以上7.5~10.0kN/m²；

大型厂房：一层20.0kN/m²，二层及以上10.0kN/m²。

5. 空调：小型厂房分层集中设置多联机；轻型、中型、大型厂房每层预留分体机，同时分层或在屋顶集中设置多联机。

6. 废气：厂房每层预留1~2m²排废气井通至屋顶。

7. 油烟：研发楼、宿舍楼每栋塔楼均预留1~2处排油烟井通至屋面。

小型厂房立面效果图

轻型厂房立面效果图

中型厂房立面效果图

独栋小型厂房标准层平面图

大型厂房立面效果图

轻型厂房标准层平面图

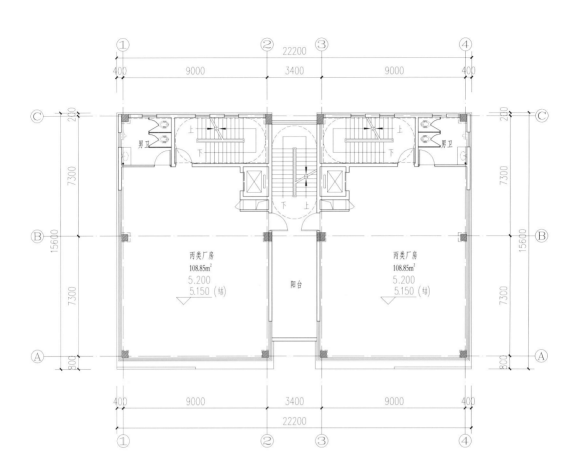

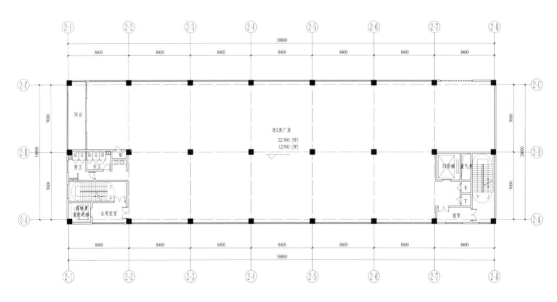

中型厂房标准层平面图一

中型厂房标准层平面图三

中型厂房标准层平面图二

大型厂房标准层平面图

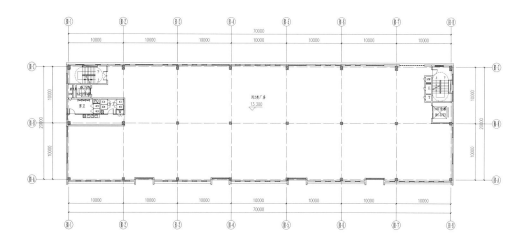

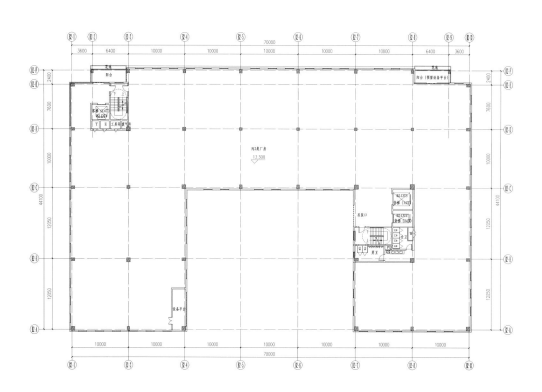

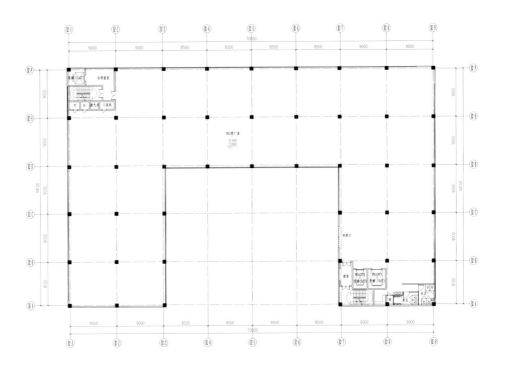

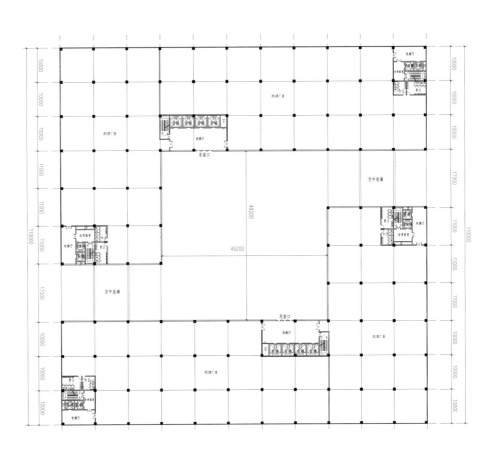

6

"工业上楼"的
设计指引

　　图纸是"新产城融合·工业上楼"设计的基础阶段成果。万丈高楼平地起，点滴汇流，一砖一瓦都值得我们倾尽全力，认真对待，这事关国家、城市和地区的未来。

　　不懂机电的结构工程师不是好建筑师。新时期，新方法，但万变不离其宗，从纸上谈兵到现场制造，尤其是产业载体的建造，都值得我们全力以赴，这也是支持民族工业更新迭代的实际有效措施。

6.1

"工业上楼"的建筑设计

"工业上楼"建筑的建筑设计，整体上应遵循"功能布局合理、立面简洁大方、竖向交通高效集约、节能环保"四大原则。

（1）柱网、层高、地下室

1. 柱网尺寸

"工业上楼"建筑，一般采用8.4m×8.4m或者9m×9m柱网，厂房进深为3～4跨，长度根据疏散距离合理取值，一般要兼顾建筑疏散要求及工艺流线要求，结合地下室停车效率，严控成本，权衡取值。

2. 层高

根据大量"工业上楼"项目建造工程实践，层高对工程造价影响较大，每增加10cm层高大约增加单方造价3%～5%。

根据用地性质，结合项目综合诉求及当地政策，厂房层高取各地限值，如：M1用地，一般一层取值为6～8m，标准层取值为4.5～6.0m。如有特殊工艺要求，可按需求设计，需办理相应特批申报手续，以满足生产所需。

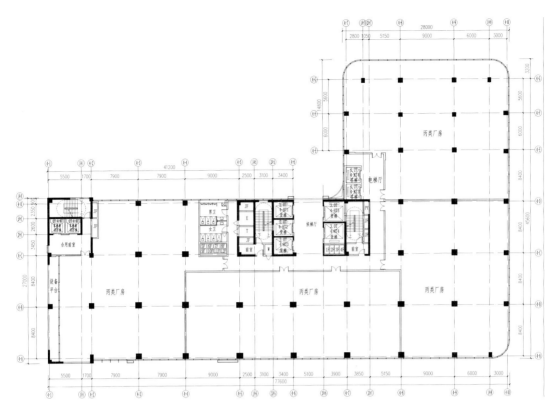

某"工业上楼"项目标准层平面图

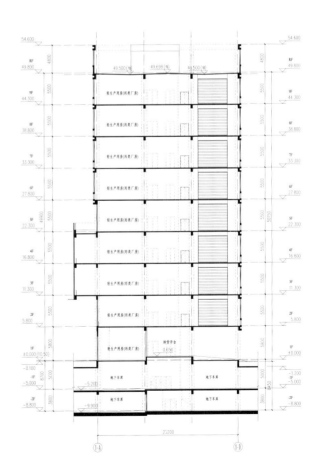

某"工业上楼"项目标准层剖面图

3. 地下室

地下室地下一层层高3.9m，地下标高-5.0m可基本满足设备房使用要求，如净高不够，可局部挖深、避免地下室整体加深，增加造价。

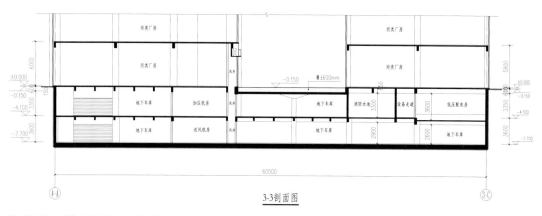

3-3剖面图

某"工业上楼"项目地下室剖面图

（2）单体平面

"工业上楼"项目，单体建筑的平面设计应充分结合工艺平面设计，满足各功能使用需求，作高度集成设计，保证工业的严谨性、有序性，满足生产高效，避免由于不合理的空间布置所带来的生产效率降低，影响空间品质，更甚者是影响企业形象，阻碍企业发展速度。

单体平面设计宜满足以下设计要点：

1. 小型标准化厂房标准层面积宜设置在1000～2000m²；

2. 大中型标准化厂房标准层面积宜设置在2000m²以上；

3. 厂房进深不宜小于15m，进深宜为3～4跨；

4．每个基本生产单元建筑面积不宜少于500m²；

对建筑的功能分区、交通流线、防火分区、安全疏散进行全面的分析和优化，尽量减少无效空间；

5．分析、优化设备房空间、停车空间、管井空间、辅助空间的利用，做到紧凑、高效、合理，减少建筑面积的浪费；

6．通过可能的消防性能化设计简化消防方案，节省投资；

7．客梯和货梯的设置应尽量分开，防止人货混流，减少管理难度、降低后期运营成本；

8．吊装平台的设置除了考虑运输路线，还应兼顾立面造型并作发展预留；

9．走廊宽度不应低于2m，应符合相关防火设计规范要求。当有叉车使用需求时，走廊宽度应在3m以上。

（3）建筑立面设计

"工业上楼"建筑的立面宜具备工业建筑或公共建筑的外立面形式和建筑特点，体现简洁、现代并带有科技感的新兴工业特色，通过立面设计释放高度集成的科技工业能量。

在建筑立面设计中，宜满足以下设计要点：

1．空调机位宜统一设置在非沿街立面一侧；

2．结合立面造型放置空调机位，作高度集成设计，确保设计的经济性、实用性及美观性；

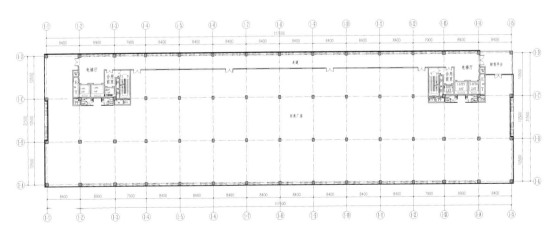

某高层厂房标准层平面图

3．生产空间每1000m²宜设置单独空调机位，且设计格栅美化装置等措施保证美观；

4．对建筑的幕墙形式及防水方案、外围护保温隔热方案、节能方案进行对比和分析计算，在保证符合现行规范标准、绿色环保的基础上节省造价。

东莞"工业上楼"项目外观实景

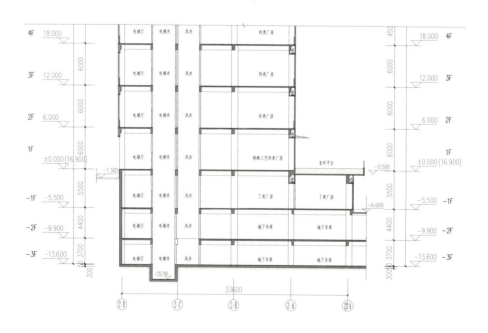

东莞"工业上楼"项目剖面图局部

"工业上楼"项目的建筑立面设计，除应结合空调机位进行设计以保证美观外，还需紧扣建造成本及后期生产运营成本进行设计。"工业上楼"项目往往因为荷载、柱网、层高均较大，结构建造成本已不可避免的偏高，因此立面的设计对于控制总造价至关重要。

"工业上楼"的立面材料造价表

序号	材料	价格（元/m²）
1	玻璃幕墙	800～2500
2	石材幕墙	500～1500
3	金属幕墙	185～750
4	人造板幕墙	60～500
5	涂料	30～50

注：立面造型往往占据建安费用的很大一部分，材料选择应紧扣建设方预期成本进行设计。

对于非主要立面幕墙可采用窗式幕墙以节省投资，裙楼以上较高楼层可采用涂料、真石漆等材料代替铝板和石材幕墙。窗式幕墙从外观上看效果和玻璃幕墙相近，但是造价仅为玻璃幕墙的1/3～1/2。

佛山市中心"工业上楼"产业园整体立面效果图，体现了简洁、现代的设计风格

松湖智谷实景图，体现了简洁、现代的设计风格

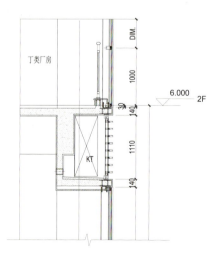

空调机位节点

"工业上楼"项目的建筑立面设计宜以简洁、现代化风格为主，协调体量间的对比、韵律等关系。建筑立面宜采用窗墙体系，厂房以深灰与浅灰色调为主，形成立面上的对比，高层厂房顶部设置有标志性造型。门窗型材宜采用铝合金，玻璃宜为普通蓝灰色玻璃。

立面设计要结合节能设计，优化开窗面积，合理设置遮阳和空调位。

珠海"工业上楼"项目立面及卸货区效果图

（4）竖向交通

"工业上楼"的建筑产品设计，除平面功能布局需符合高效生产的原则，立面设计保证效果及经济性外，竖向交通是解决"工业上楼"的核心设计要素。在竖向交通中，应做好人、货物流线，做好装卸、垂直运输组织，提高物流效率，满足安全生产，降低运营成本。

竖向交通宜满足以下设计要点：

1. "工业上楼"的竖向交通应配备不少于2台载重3t以上货梯，当建筑面积超过30000m²时，超过部分按每15000m²设置至少1台载重2t以上的货梯（超出部分不足15000m²时按15000m²计算）；

2. "工业上楼"建筑鼓励配备1台或以上5t货梯，提高厂房物流运输效率和通用性；

3. "工业上楼"的建筑设计，应邻近货梯设置卸货场地，卸货场地面积按照每台货梯至少配备2台货车位计算；

4. "工业上楼"的货梯尺寸宜设置长宽在3m以上，开门标准净宽度不少于2m，净高度不少于2.5m；

5. "工业上楼"项目，物流运转需求大的厂房，必要时可考虑采用货（柜）车上楼的竖向通道方式作为解决方案。

常见的几种竖向交通解决方案

电梯分类及要求

1. 货梯：通常选用2t及3t货梯，梯速0.5～1.0m/s；5t货梯，梯速0.5m/s。

2. 客梯：通常选用1.2t或1.35t客梯，梯速1.75m/s。

3. 消防梯：通常选用1.2t或1.35t电梯，梯速1.75m/s（需满足60s到顶），消防梯多和客梯合用。

建筑电梯参数表

功能类别	载重（kg）	速度（m/s）	井道尺寸（mm）（宽×深）	底坑深度（mm）	顶层高度（mm）	门洞尺寸（mm）（宽×高）	机房所在层
2t货梯	2000	0.5	2700×3200	1700	≥5200	1700×2670	顶层
3t货梯	3000	0.5	3400×3200	1700	≥5200	2000×2670	顶层
5t货梯	3000	0.5	3750×4050	1700	≥5200	2200×2670	顶层
1.2t客梯	1050	1.5	2500×2400	1700	≥5200	1400×2470	顶层

电梯选用标准

1. 货梯按总建筑面积每6000～7000m²选用一台。

2. 客梯按总建筑面积每5500～6500m²选用一台。

3. 客货梯比例可根据项目情况选取，偏生产类项目可按客货1：3选取，偏办公类项目可按客货3：1选取，货梯2t梯和3t梯可按2：1选用，部分项目要考虑一台5t货梯。

4. 建筑高度大于32m的高层厂房应设置消防电梯，每个防火分区设置一台，需停靠所有楼层，需设置前室或合用前室。

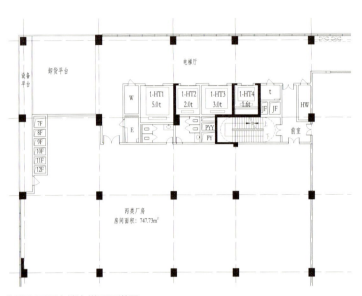

典型高层厂房楼电梯平面详图

卸货平台设计

1. 卸货平台对于"工业上楼"的建筑功能而言极为关键，涉及物流效率，应根据产业进出货物的吞吐量及货物进出规格、重量作精细化设置。

2. 卸货平台设置要求：生产类厂房均需设置。

3. 卸货平台长度：需满足一定数量卸货位需要，卸货位可参考客货梯总台数。

4. 卸货平台高度：一般项目取800~1200mm，根据货车高度设置活动尾板。

5. 卸货平台坡道：如有场地高差，可将卸货平台同正负零取平，货车停在低处；平场地可将平台抬高，再用1:8坡道通至地面。

6. 卸货平台宜设置遮雨篷。

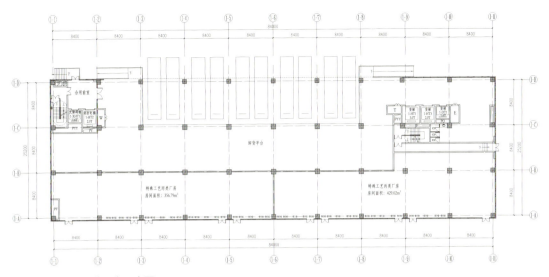

某厂房首层平面卸货平台示意图

某厂房首层货平台实景图

吊装口设计

1. 吊装口是"工业上楼"建筑的必要设施，是大型生产设备、超重设备及超重货物等"工业上楼"建筑的竖向运输唯一通道。

2. 吊装口设置要求：生产类厂房需设置。

3. 吊装口位置数量：每层设置1处，最好能结合货梯厅或外廊设置。

4. 吊装口尺寸：宽度不小于4m，高度不小于3m，需结合立面设计。

5. 吊装口洞口做法：位于公共走廊或阳台处可设置为开敞式，采用可平开栏杆维护，开敞处需降板并设排水防止雨水倒灌室内；位于室内的需采用卷闸门维护。设备吊装口的立面示意图如下。

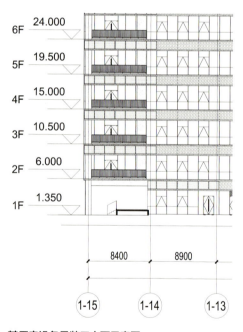

某厂房设备吊装口立面示意图

某厂房设备吊装口实景照片

（5）设备管井设计

"工业上楼"的建筑设计应充分考虑各种产业的工艺使用要求，从平面到立面设计时均应考虑生产排气要求，且根据工业类别应考虑建筑的灵活通用性，必要时作单户设置，避免不同产业的生产释放的气体产生化学反应，带来安全生产隐患。

生产区域每500～1000m²预留1处不少于1～2m²的专门为生产工艺服务的综合管井。管井一般设置在竖向交通筒附近。

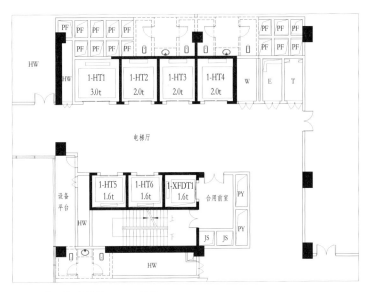

某厂房典型综合管井平面示意图

（6）减隔振设计

"工业上楼"属高层厂房，为集约式空间设置，应避免上下楼层相互影响。对于有振动的生产工艺须进行减振设计。

对于生产环境要求较高的生产工艺产业，比如生物、细胞实验等，须考虑细微振动对于生产影响，应做隔振设计。

经减隔振后的振动响应，不应大于现行国家标准《建筑工程容许振动标准》GB 50868—2013及设备厂家要求的容许振动值。隔振应满足现行国家标准《工程隔振设计标准》GB 50463—2019的要求。

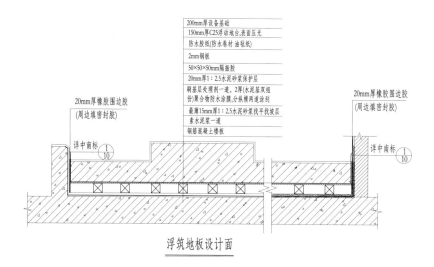

200mm厚设备基础
150mm厚C25浮动地台,表面压光
防水胶纸(防水卷材 油毡纸)
2mm钢板
50×50×50mm隔振胶
20mm厚1:2.5水泥砂浆保护层
刷基层处理剂一道,2厚(水泥基双组份)聚合物防水涂膜,分纵横两道涂刷
最薄15mm厚1:2.5水泥砂浆找平找坡层
素水泥浆一道
钢筋混凝土楼板

20mm厚橡胶围边胶
(周边填密封胶)

20mm厚橡胶围边胶
(周边填密封胶)

详中南标 1/10

详中南标 1/10

浮筑地板设计面

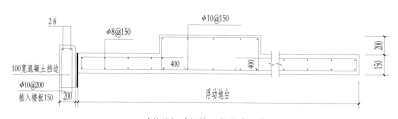

φ10@150

φ8@150

2 8

100宽混凝土挡边

φ10@200
植入楼板150

200

400

400

浮动地台

200

200

150

浮筑地板减振块设备基础配筋图

常用隔振基础详图

6.2

"工业上楼"的
结构设计

在"工业上楼"建筑的结构设计中，整体上应遵循"安全适用、技术先进、经济合理、方便施工"四大原则。

"工业上楼"建筑结构布置应做到有足够的承载力和刚度，且结构刚度在平面和竖向应均匀分布，结构体系的传力路径应清晰、直接，结构的冗余度应有一定富余，以防止局部破坏引起结构连续倒塌。

（1）荷载、柱网、层高

"工业上楼"建筑的结构设计有别于常规项目，主要体现在荷载、柱网和层高上。厂房由于生产需要有大型设备，对结构荷载需求大，首层一般为 $10 \sim 20 kN/m^2$，标准层一般在 $3.5 \sim 12 kN/m^2$。结构造价随荷载的增大线性增加，局部需要较大的荷载时可以局部加大荷载，没有必要整层加大。

另外，由于楼层内需要摆放生产线，对柱网和层高也有较高要求，柱网一般要求不小于8.4m，层高不小于4.5m。随着柱跨的增加，结构造价成线性增加，因此，柱网的设置要综合考虑生产工艺的需求和造价的控制。

层高越大，结构造价越高。同时应避免层高突变而造成结构抗侧刚度突变，增加额外结构成本。生产用房的首层层高通常需要较高，一般做到6~8m，我们建议控制在7.9m以内，因为高度大于等于8m属于高支模，施工阶段需要组织专家论证，增加费用且影响建设周期。因此，熟悉建造工艺也是控制工程造价的有效途径。

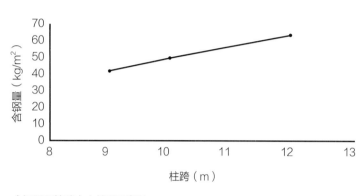

含钢量和柱跨大小关系示意图

（2）平面、立面布置

"工业上楼"建筑的结构平面应尽量规则，宜采用一字形或L形，避免采用细腰形、角部重叠形、突出过大的L形等不规则平面。

平面布置应尽量避免楼板开大洞，如果确实要开洞，洞口不应超楼层面积的30%，且楼板有效跨度不小于50%，任一方向的楼板宽度不下于5m。同时，应避免采用错层结构。

立面布置应避免采用大悬挑。如有必要，悬挑长度不宜超过4m；如果有竖向收进，竖向构件的收进尺寸应不大于20%。

（3）基础

对于"工业上楼"建筑，独立的抗震单元的基础应避免落在不同的持力层上，以防止沉降差造成开裂，影响生产。当不可避免时，基础的设计应充分考虑沉降差的不利影响。

对于"工业上楼"建筑，底板的地基承载力如满足受力要求，优先采用天然地基基础，其次可考虑预应力管桩，最后再考虑灌注桩。因为相对于天然地基基础，桩基的造价相对高昂。管桩的施工速度和造价均优于灌注桩。综合考虑施工速度和材料成本，做到造价最优。

某"工业上楼"产业园项目基础经济性对比

基础形式	方案一：预制桩（d=600~2500kN）	方案二：预制桩（d=600~2000kN）	方案三：预制桩（d=500~2000kN）	方案四：预制桩（d=500~1800kN）	方案五：预制桩（d=500~1600N）	方案六：灌注桩
桩端持力层	强风化岩	强风化岩	强风化岩	强风化岩	强风化岩	中风化岩
桩规格（mm）	600	600	500	500	500	1500、1200
桩数	452	549	557	711	752	163
桩成本（万元）	452	505.08	434.46	533.25	518.88	1138.19
承台+底板混凝土成本（万元）	317.76	347.08	301.85	345.94	356.48	366.96
承台+底板钢筋成本（万元）	332.11	343.58	369.85	363.37	383.54	385.86
总成本（万元）	1101.87	1195.74	1106.15	1242.56	1333.81	1891.02

（4）楼盖形式

在荷载不大的情况下，单向双次梁楼盖较为经济。适用于车库、研发办公、轻生产用房等；当荷载较大时，适合采用井字梁楼盖，比如活荷载大于等于10kN/m²的生产用房；当荷载很大时，适合用加腋大板，比如覆土较厚的地下室顶板。

一般情况下，活荷载每增加2kN/m²，结构单方造价的增加约为5%~10%；双向柱跨每增加600mm，结构单方造价增加约为5%~10%；层高每增加500mm，结构单方造价增加约为3%~8%。

某"工业上楼"项目楼盖选型经济性对比

楼栋	选型部位	选型方案	单方造价（元/m²）
地下一层	人防区	框架加腋大板	652
		无梁楼盖	663
	非人防区	单次梁	283
		双次梁	275
		十字梁	299
		框架大板	373
		无梁楼盖	551
地下室顶板	1号塔楼范围内	单次梁	351
		双次梁	367
		框架加腋大板	627
	2号塔楼范围内	单次梁	274
		双次梁	287
		框架加腋大板	482
	塔楼范围外	井字梁	643
		十字梁	650
		框架加腋大板	722
1号塔楼	厂房（选取5层）	双次梁	309
		十字梁	311
		框架大板	419
2号塔楼	办公区（选取13层）	单次梁	239
		十字梁	278
		框架大板	288

（5）楼面活荷载

"工业上楼"建筑（通用型）楼面活荷载常规取值建议，如下表所示。

不同建筑类型的楼面荷载建议

序号	建筑类型	首层荷载（kN/m²）	标准层荷载（kN/m²）
1	独栋多层厂房（$H<24m$）	10	3.5
2	高层厂房（$H<100m$）	15（部分仓储区域25）	2～4F：10 5～12F：8.0 13F及以上：2.5～3.5

《深圳市人民政府关于印发工业区块线管理办法的通知》（深府规〔2018〕14号）关于厂房和研发用房的荷载中最小活荷载规定如下表所示。

关于厂房和研发用房的荷载最小活荷载规定

序号	建筑类型	首层楼面活荷载（kN/m²）	二、三层楼面活荷载（kN/m²）	四层以上楼面活荷载（kN/m²）
1	厂房	12	8	6.5
2	研发用房	8	6.5	5

因此，"工业上楼"建筑的楼面活荷载取值不但要关注企业生产自身的需求，还需关注当地政策的规定，做到满足生产需要、政策规定。结构专业应提前介入建筑方案设计，并通过高度集成与精细化设计，从多维角度思考，关注整个建造过程，熟悉施工作业，综合达到有效成本管控。

（6）结构经济性

　　"工业上楼"建筑的结构造价相对于常规办公、住宅建筑会高出较多，在设计阶段更应结合生产工艺做荷载、柱网及层高的精细设计，控制造价。

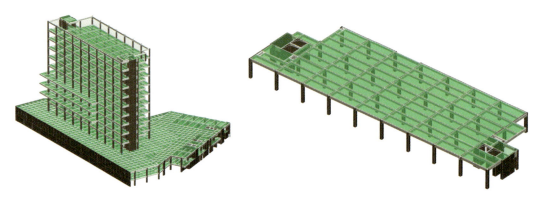

典型"工业上楼"建筑结构计算整体模型三维图（左）及标准层三维图（右）

"工业上楼"建筑结构经济性指标预估值

序号	建筑类型	结构类型	钢筋含量（kg/m²）	混凝土含量（m³/m²）
1	独栋多层厂房（$H<24m$）	上部结构	40	0.29
2	高层厂房（$H<100m$）	上部结构	45～50	0.31
3	非人防地下室	桩筏基础	110～130	1.2
4	人防地下室	桩筏基础	150～160	1.35

注：1. 表中数据为根据以往工程经验的预估值，具体数值受地质条件、使用功能、柱跨、层高等因素影响。

　　2. 上部结构数值不含墙身大样及砌体，地下室不含基础。

6.3

"工业上楼"的机电设计

"工业上楼"建筑的机电设计有别于常规项目，应遵循以下基本设计原则：

1. 机电与建筑、结构应协调统一；

2. 机电应满足生产工艺需求；

3. 机电设计应紧扣成本（一次投入成本、后期运营成本）控制；

4. 机电系统自身应合理、稳定、兼容。

同时，"工业上楼"建筑的机电设计应考虑以下问题：生产设备的排气、排污、排渣问题，生产用电量、用水量问题，机电安装工程的造价问题。减少不必要的前期投入。

（1）给排水设计

给水设计

1. "工业上楼"建筑供水系统需根据各不同生产用水的水质、水压、水量等要求，采用分质、分区供水，同时需预留后期招商兼容各种业态的余量。生产给水、生活给水与消防给水系统应分别独立设置、单独计量并给智能化设计预留信息采集接口。

2. 厂房配套宿舍、食堂等附属建筑采用集中热水系统时，宜优先选择工业生产余热回收、太阳能、空气源热泵等作为热源。

系统分离	• 生活供水系统必须与消防供水、工业供水、建筑中水等系统分开设置，并单独计量。	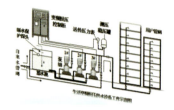
供水形式	• 低楼层用户应充分利用市政管网压力直接供水； • 宜采用"低位水箱（池）＋变频调速设备联合供水"的供水方式，系统分区应科学合理； • 符合叠压供水条件的，征得供水企业审查同意后，可选用管网叠压供水方式。	

"工业上楼"园区的生产、生活供水系统形式

运行费用对照表（设计每日热水量 20m³/ 天）

序号	1	2	3	4	5	6	7
加热设备	太阳热水系统+热泵（50%）	太阳热水系统+电辅助（50%）	太阳热水系统+燃油锅炉（50%）	空气源热泵	电锅炉	燃油锅炉	燃气锅炉
燃烧能源	电+空气热能	电	轻柴油	电+空气热能	电	轻柴油	天然气
理论含热量	3.6	3.6	42.7	3.6	3.6	42.7	35.5
单位（%）	MJ/（kW·h）	MJ/（kW·h）	MJ/kg	MJ/（kW·h）	MJ/（kW·h）	MJ/kg	MJ/m³
效率（%）	380	95	90	380	95	90	90
实际热量	13.68	3.42	38.43	13.68	3.42	38.43	31.95
能源单价（元）	0.68	0.68	5.7	0.68	0.68	5.7	3.50
每日所需热量（MJ）	4125	4125	4125	4125	4125	4125	4125
每天需用能源	301.535	1206.140	107.338	301.535	1206.140	107.338	129.108
单位	kW·h	kW·h	kg	kW·h	kW·h	kg	m³
每天需用费用（元）	205.0	820.2	611.8	205.0	820.2	611.8	451.9

序号	1	2	3	4	5	6	7
每天吨热水成本（元）	10.25	41.01	30.59	10.25	41.01	30.59	22.59
年运行费用（万元）	3.742	14.968	11.166	7.484	29.936	22.332	16.494
备注			柴油密度0.82kg/L			柴油密度0.82kg/L	

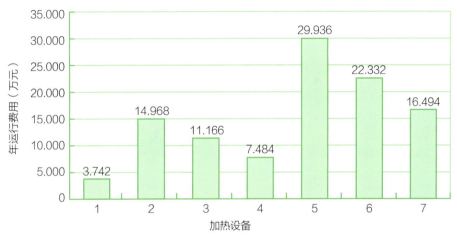

各种供热系统年运行费用对比图

3. 按国家"双碳"原则进行节水设计，给水系统应充分利用市政水压直接供水，并合理控制各用水点处的水压不超过0.20MPa。绿化灌溉采用喷灌、微灌、滴灌等节水方式，设置冷却水循环利用系统、可再生水源的回收利用系统等。

4. 生活饮用水管道应避开生产污染区，当条件限制不能避开时应采取相应的防护措施。

5. 高标准洁净厂房的洁净车间内应避免穿越非该区域使用的给水管道，该区域内给水管道应采取防结露保温措施。

排水设计

1. 废水外排污染物浓度控制标准应按照现有规范规定的最严格标准与要求执行。

2. 有排水要求的行业宜集中布置，对排放物较一致的企业进行集中整合，方便统一设置排水管道、污水处理等附属设施。

3. 具有废水排放要求时应设置废水排放管道，废水应分类收集后排放至污水处理设施集中处理。

4. 入园企业统一设置标准的排水系统，排放量小的高危废水应自行收集并由专业公司收集处理；排水量较大的高危废水园区应设置统一的污水预处理设施，经过园区预处理后排放至市政污水处理厂。

5. 配套宿舍卫生间采用不降板同层排水，方便后期多元化经营管理，但该方法造价相对增加。

不降板同层排水图示一

不降板同层排水图示二

（2）暖通设计

空调系统设计

1. 空调系统负荷："工业上楼"项目使用要求及负荷组成因生产功能不同而存在较大差异。在空调负荷计算选取时应充分考虑不同生产工艺的适用性。高大空间厂房应提供负荷组成分析，并征询建设方或运营方意见，考虑是否需预留拓展空间的空调负荷。

2. 空调冷热源的选用在满足使用要求及高效节能的基础上，需根据不同的使用功能及管理要求，通过技术经济比选确定合适的冷热源方案。

空调系统选型表

因素	分体空调	多联机	风冷机组	水冷机组
适用性	产品定位为经济性，对空调房间温湿度无特别要求，无大散热设备	普遍使用	产品自用、无租售，且统一管理。对冷热源机房占地较为敏感的项目	产品自用、无租售，且统一管理。对设备用房占地不敏感的项目。如需冬季空调还需设锅炉等空调热源
造价	低。租售项目可由小业主或租户自理	较高。租售项目可由小业主或租户自理，项目竣工时仅需预留管井、电源	较低。项目竣工需全部安装调试到位	高。项目竣工需全部安装调试到位
综合性能能效比	低	较高	较高	高
设备用房	不需设备用房，仅需室外机位	不需设备用房，仅需室外机位	需风冷机组平台及空调水泵房	需制冷机房、室外冷却塔平台
运行维护	不需维护	基本不需维护	需专业人员维护	需专业人员维护
较多使用场所	配套宿舍、配套商业、配套办公	研发办公、厂房、配套商业、配套高端公寓、变配电房	研发办公、厂房、配套商业	研发办公、厂房、配套商业

空调机位设计

1. 空调机设置要求：厂房类空调用量大，应优先考虑多联机系统，也可多联机及分体机同时考虑，满足局部办公需求，屋顶可预留水冷机组并预留冷媒管井供部分或整层用户使用。

2. 按户或按层设置多联式空调系统（即VRV），使用灵活，用户拥有本户空调系统主导权，各用户之间不会产生空调使用干扰。

3. 标准层面积较小的配套办公优先考虑分体机，端部大户型可考虑多联机，同层设置的多联机尽量各层在同一位置，并靠近非主立面的端部或转角处，集中设计在同层的多联机应考虑冷媒管尽量在公共走道，便于安装检修，屋顶设置的多联机应按户设置，预留基础并预留冷媒管井。

通风系统

1. 配合建筑专业，并结合生产工艺要求进行自然通风设计。

2. 研发厂房应根据甲方要求考虑工业通风系统条件。如甲方无具体要求，需考虑后期运营增加通风竖井及送排风系统的可行性。

防排烟系统

在不影响建筑功能和立面效果的情况下，尽可能采用自然排烟方式。当排烟距离大于2.8倍净高时，须采用机械排烟。

（3）电气设计

供配电系统设计

1. 厂房各标准层每层独立配电，保证各个生产车间独立运作，配电室面积需求根据电力相关规范进行计算确定。

2. 生产区的低压供电系统应与配套办公和生活区分开设置，分开计量。

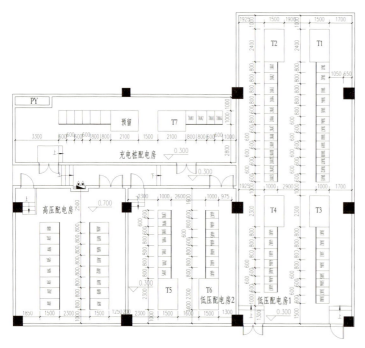

某配电房布置图一

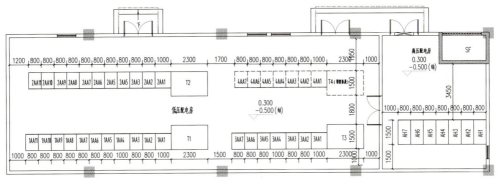

某配电房布置图二

3. 电力负荷预测宜充分考虑产业园区发展潜力，预留弹性。配电容量须考虑增容的可能性，变配电房宜有一定的预留空间来保障增容。

4. 各种类生产车间宜设置独立变配电房。

5. 配电站、开关站宜优先考虑室内形式并结合当地供电部门政策建设，预留足够的扩建空间，满足配置自动化等智能电网新技术发展要求。

6. 高、低压配电室中要留出备用柜的位置，以便由于最终设备订货与设计不符时可进行调整，设计中用细虚线将备用柜的位置表示出来。

7. 容量规模较大的主变电所宜设置单独的高压配电室。

8. 预留足够的备用回路，所有配电回路需加装多功能电子仪表；其他有独立计量要求的分馈电回路加设计量装置。

电气专业精细化设计

1. 合理确定负荷密度。用电负荷设计对后续安装阶段的造价和维护运行费用都有较大的影响。因此，合理确定负荷密度，做到既保障项目的正常运行，又降低项目初期投入和后期运行费用是设计关注的重要环节。

2. 电气线路线缆选择和敷设路由。电气线路敷设方式和路由影响电缆截面的选择，应尽量避免降低电缆载流量的路由和敷设方式，提高电缆载流量；尽量避免使用金属管材作为线缆敷设保护，降低项目电缆成本。

3. 设备房的合理设置可节省造价。

发电机房实景图

开关房实景图

电气主要设备房设置

变配电房的合理布置不但可以节约初始投资，还可以降低后期运行成本。设计中需要在建筑空间和综合成本方面作出合理选择。

发电机系统设计

发电机作为项目备用电源，设计既要保障项目的运行需求，又要控制适当的费用，应急负荷的合理确定和发电机容量选择是设计需要综合考虑的因素。

（4）智慧园区技术应用

通过建设智能化信息设施，结合数字化运营，引入5G、物联网、大数据、区块链、云计算、人工智能等数字化技术与创新管理机制，建设智慧园区，实现智慧生产，从粗放管控向精细化体系服务发展，以达到高效推动产业迭代升级。实现智慧生产、智慧生活、智慧交通，并以此延展与链接智慧城市管理。

智慧生产

1. 设置招商智能管理平台，整合招商数据管理、入驻企业信息管理、园区品牌体验、智慧招商等功能，增强"工业上楼"运营软实力。

2. 各监测点安置水质污染监测仪、大气污染监测仪、噪声污染监测仪等智能设备，实现智能环保，保障公共卫生安全、安防与消防。

3. 生产设备布置智能传感设备、节能控制设备，实时监测能耗。

4. 高标准厂房和工业大厦设置楼宇控制、能源管理、智能抄表及对接数据呈现等系统。

5. 设置智能仓库（调配）系统，使其具有整合智能库位检测系统、中控调度系统、无人驾驶模块等功能，实现智慧仓储、智慧物流，以大力度提高生产效率。

智慧生活

1. 智能化公共安全系统，包括入侵报警系统、视频安防监控系统、出入口控制系统、停车场管理及车位引导和反向寻车系统、电子巡更系统、无线对讲等。

2. 智能生活服务平台，整合AI生活服务、智能家园、智能物管、智能照明、智能垃圾箱、智能清洁分析、园区5G专网、VR全景直播、VR12园区导览、园区服务机器人、气象监测等生活服务。

智慧园区数据监控实景图

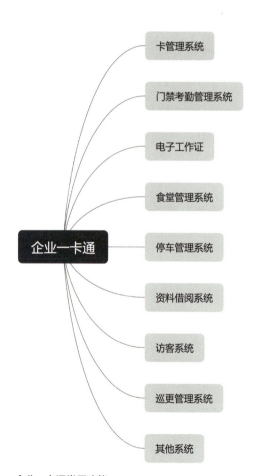

企业一卡通常用功能

智慧交通

建设智能交通管理平台，道路布置智能设备检测和采集交通信息，提供出行导览、交通热力图、智能停车、人脸识别、车牌识别、无感支付、来访接待、园区生产物流等智能监测疏导。

智慧管理

现在是技术创新与管理进步融为一体的时代，信息是企业科学决策的基础，是实行有效管理的手段和获得成功发展的动力。如何使用好信息为企业赋能，是我们的课题。

智慧数字管理平台融合先进信息技术、工业技术和管理技术，可以对园区安防事件实时管控、对一卡通各种场景数据建模展示、对生产经营及信息化流程和数据实时采集、展示，并可根据需要自动生成统计报表，真正做到"一键可知全局"和"一体运行联动"的智慧化管理，让决策有据可依，把数据信息转化为更好的企业行动，助力"工业上楼"。

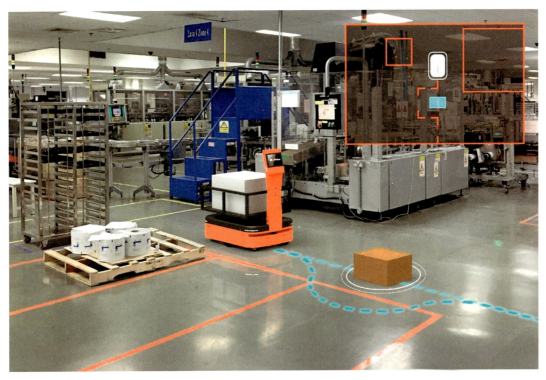

AGV 智慧物流的应用场景

某企业总部全球监控中心

6.4

"工业上楼"的
工艺设计

"工业上楼"项目对入驻的企业在生产工艺方面有一定要求：首先是满足环保安全的要求，即危化品等级宜小于等于丁类、生产火灾等级宜小于等于丙类；其次是生产流线不能太长，生产设备及原材料不能太重，鼓励新型高端制造业"上楼"。

传统的粗放型制造业由于污染较大、占用空间大，设备重，不适合"上楼"。对振动有严格要求的精密仪器制造产业需进行专业的减隔振设计。

"工业上楼"需考虑的因素

序号	需考虑的因素	具体描述
1	环保安全	1. 危化品等级：生产危化品等级大于丁类的产业不建议"上楼"； 2. 火灾危险等级：生产火灾危险等级大于丙类的产业不建议"上楼"
2	减振隔振	1. 减振措施：生产工艺是否无独立基础要求（有独立基础要求的不建议"上楼"）； 2. 加工精度：生产工艺加工精度是否低于亚微米级或纳米级
3	工艺需求	层高要求：生产工艺需求是否厂房4层以上层高≤6m
4	垂直交通	货梯需求：原材料或生产成品单件重量是否≤2t，原材料或成品单件尺寸是否≤2.5m×3m×2.2m
5	设备载重	设备载重：核心生产设备重量是否≤1t/m²

"工业上楼"典型产业的不同工艺需求概要

序号	产业类型	工艺特殊需求
1	移动智能终端	1. 部分环节会产生危险废弃物，应按照国家规定建立清洁生产审查与监管措施； 2. 生产环节普遍要求十万级洁净厂房，ITO玻璃生产要求达到百级或千级洁净厂房
2	新一代通信设备制造	1. 5G通信产业基础设备的加工生产多要求万级无尘车间； 2. 光模块的生产制造环节要求恒温恒湿； 3. 5G通信产业中，陶瓷滤波器的生产工艺涉及CNC精雕机，需要独立抗电磁干扰车间
3	高端智能装备	工业机器人制造中，其电机、传感器等核心组件生产需要建设洁净厂房，对选址、运输、气压等有特殊要求
4	医疗仪器设备及器械制造	医疗耗材生产要求达到十万级洁净厂房，对选址、运输及气压等有特殊要求
5	新材料	电子专用材料制造产业中，LCP/MPI、激光增益光纤、高性能纤维材料及半导体材料生产均需要配备洁净厂房，光刻胶产品的加工生产要求百级无尘车间，对选址、运输及气压等有特殊要求

除上述内容之外，在"工业上楼"项目的工艺设计中，尤其要注重工艺流程设计。

工艺流程设计应以落实企业的生产纲领、助力提高企业生产效率为依据，设计时须同时考虑企业生产的产品、型号、产量等质量标准，还须结合企业转型升级要素，考虑企业未来的创新发展规划，并预留好生产空间。

为了做好工艺流程设计，一般根据产业类别应做专项设计，并与建筑设计相结合，以达到效率最高、建筑美观、经济实用等各方面结合的集成呈现。

城市的想象，
向上的力量

中国是四大文明古国之一，也是世界上最早出现城镇的国家之一，在人类的文明史上，中国的城市发展一直处于领先地位。18世纪60年代，西方国家率先兴起工业革命之后，中国的城市发展开始逐步落后于西方资本主义国家。直到新中国成立后，尤其是改革开放之后，中国的城镇化发展才迎来新的契机，并随之完成了人类史上规模最大、速度最快的人口城镇化过程，取得了辉煌的成就。

随着城镇化进程的不断加快，中国的城市发展进入城市群时代。由广州、深圳、香港、澳门等城市组成的珠三角城市群（粤港澳大湾区），与京津冀、长三角等其他城市群一起，共同被确定为"十四五"期间推动高质量城镇化和经济增长的国家引擎。它们既是先进的空间组织形态，也是推动经济增长、提升国家竞争力的核心力量。

中国地图

全国部分城市群分布图

这3个城市群与全国其他城市群的孕育和成长，为中国的经济发展作出了无可替代的贡献，但同时也带来了土地资源不足、空间资源错配、产业发展不均、生态环境污染等新的问题。这些问题，在制造业的发展过程中体现得尤为明显。

麻省理工学院工业生产力委员会（MIT Commission on Industrial Productivity）在1989年出版的《美国制造》（*Made in America*）一书中写道："一个国家要生活得好，就必须生产得好。"在经济发展初期，中国很多传统的大型工厂建立在郊区，小型工厂随意分布，各个企业处在各自为政、单打独斗的状态，就像一个个"工业孤岛"。没有强有力的号召者对产业的上下游进行整合，中国制造在很多年里都处于"大而不强"、生产数量多、附加值较低的尴尬境地。

如今，全球工业步入4.0时代，产业集聚和上下游融合成为工业发展的必经之路。在产业空间重新优化、产业生态链重新整合的大背景下，"工业上楼"成为现代产业园区的重点研究方向。"工业上楼"在为产业发展提供高品质承载空间的同时，也为企业打通上下游、延长产业链、降低合作成本提供了很好的载体。通过招商引导，"工业上楼"可以形成密度更高的产业集聚，产业的上下游可以做到在同一个园区内完成协作，充分发挥产业协同、竞融效应。

郊区老旧工厂

新一代信息技术的广泛普及应用，5G、大数据、物联网、数字孪生、云计算、人工智能等新兴信息技术与制造业的深度融合，将使工业制造的研发设计、生产制造、产业形态和商业模式都发生深刻变革，企业的成长更需要上下游的共同参与，使更多生产要素流动起来。因此，以空间集聚、产业集群为特色的"工业上楼"模式，在促进产业上下游协作、构建产业生态圈方面，可以发挥不可替代的作用，并进一步激发产业创新发展。正如美国著名经济学家迈克尔·波特所言："产业在地理上的集群，能够对产业的发展产生广泛而积极的影响，并进而成为整个地区的优势。工业化的进程表明，谁抓集聚早，谁就能在竞争中取得优势。"

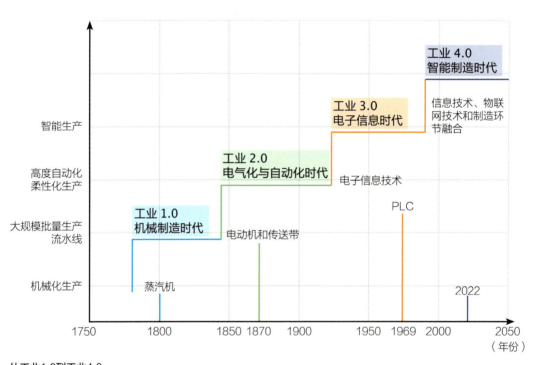

从工业1.0到工业4.0

"工业上楼"模式对产业发展所起的作用，既是一种物理空间导向，也是一种精神导向，代表着人们"向天空要地"的大胆创想与赋能实施已经取得了实质性的收获，其对城市未来发展的想象，凝聚了一股强大的"向上的力量"。在不久的将来，以运营为导向的智慧园区的建设，将顺应建筑智慧互联、企业空间无界共享、人才自雇员协作等趋势，以制（智）造为核心，以复合配套（产业配套和生活配套）为支撑，以人文环境为依托，突出质量引领和创新驱动，应对未来产业的不确定性。在这样的趋势下，"新产城融合"也将以更为丰富的方式得以呈现。

以运营为导向的智慧园区发展趋势

从全国范围来看，城乡统筹和城乡一体化发展目标的提出，使得工业和农业、城市和乡村作为一个整体进行统筹谋划，得到协调发展、互惠互利。在全面实施乡村振兴战略的背景下，城市的资源和要素将以更快的速度向乡村扩散和回流，特色小镇的建设将在乡村地区不断推进。农业机器人的研发制造、农产品的仓储加工、无土栽培和垂直农业的推广应用等乡村新型产业，为加快推进乡村生产体系和治理能力现代化作出贡献的同时，也对乡村地区的土地资源空间提出了更高的要求。

届时，下一阶段"有机农业上楼"将会应运而生，成为继"住者上楼""商业上楼""工业上楼"之后的崭新空间载体模式，为农业的进一步发展突破土地和空间的局限，完美演绎第一产业、第二产业和第三产业的联动与链接，极大程度地扩大现代农业与食品产业集群，并为乡村环境的保护和"双碳"目标的实现提供更多路径和可能。

而这一切，都有赖于建筑设计的创新突破以及政策引导下的积极探索和大胆实践。

立足现在，放眼未来，以"新产城融合·工业上楼"为代表的新技术、新方法、新工具、新思维必将为我国的城乡建设和产业发展创造更加广阔的空间！

附录

附录一　粤港澳大湾区城市的M0政策对比

（一）定义

粤港澳大湾区城市对 M0 土地类型的定义

广州	为适应创新型企业发展和创新人才的空间需求，用于研发、创意、设计、中试、检测、无污染生产等环节及其配套设施的用地
深圳	融合研发、创意、设计、中试、无污染生产等创新型产业功能以及相关配套服务活动的用地
珠海	融合与生产密切相关的研发、孵化、试验、创意、无污染生产等新型产业功能以及配套相关商业、宿舍、可附设的市政设施、交通设施及其他配套辅助设施的用地
东莞	1. 融合研发、创意、设计、中试、无污染生产等新型产业功能以及相关配套服务的用地； 2. 新型产业用地（M0）项目用房包括产业用房和配套用房。产业用房指可用于生产、研发设计、勘察、检验检测、技术推广、环境评估与监测等功能用途的用房。配套用房包括小型商业、配套宿舍等
佛山	融合研发、创意、设计、中试、无污染生产等新型产业功能以及相关配套服务的用地
肇庆	产业基地是指经区管委会认定，在工业用地上建设资金密集型、技术密集型的制造业为主，产权可分割销售的产业园区。包括产业集聚基地和产业链协同制造基地两种类型。 1. 产业集聚基地：指按区主导产业规划建设，围绕主导产业引进相同行业企业及相关配套生产性服务业企业入驻集聚，具备高标准厂房或工业大厦，具备相关公共基础设施和配套设施，统一园区管理和污染物排放的工业园基地； 2. 产业链协同制造基地：制造业企业自建自用后还有剩余产业用房或部分空地，引进相关产业链合作伙伴入园，形成上下游相对集中的工业园基地
惠州	1. 为了适应创新型企业发展和创新人才的空间需求，用于研发、创意、设计、中试、检验检测、技术推广、环境评估与监测、科技企业孵化器及无污染生产等新型产业功能以及相关配套服务的用地； 2. 新型产业用地（M0）项目用房包括产业用房和配套用房
中山	1. 符合中山产业发展导向，融合研发、创意、设计、中试、检测、无污染生产、生产性咨询服务等创新型产业功能以及相关配套服务的用地； 2. 新型产业用地项目用房包括产业用房和配套服务设施

（二）产业用房使用类型

粤港澳大湾区城市 M0 土地的产业用房使用类型

广州	/
深圳	/
珠海	1. 孵化器用地面积≥30000m²，允许分割转让； 2. 孵化器用地面积≤30000m²，不允许分割转让用地所有建筑物
东莞	1. 不可分割转让的新型产业用地［≤50亩（3.33hm²），优先不可分割］； 2. 可分割转让的新型产业用地［≥50亩（3.33hm²），允许可分割］； 3. 配套用房不得分割转让
佛山	/
肇庆	/
惠州	1. 不可分割转让的新型产业用地（≤3hm²，优先不可分割）； 2. 可分割转让的新型产业用地（≥3hm²，允许可分割）； 3. 配套用房不得分割转让
中山	/

（三）供地方式

粤港澳大湾区城市 M0 土地的供地方式

广州	/
深圳	1. 新增用地； 2. 已出让土地转M0
珠海	/
东莞	1. 新增用地； 2. 工改M0； 3. 已出让土地转M0
佛山	/
肇庆	1. 产业集聚基地供地：①新入园、新供地项目，依法采用公开招标、挂牌、拍卖等公开出让方式供地；②"三旧改造""工改工"，已出让工业土地转型升级建设产业集聚基地。 2. 产业链协同制造基地供地：①原则上不安排一级工业用地用于建设产业链协同制造基地；②已取得用地的制造业企业利用原有项目用房和剩余空地，可通过厂房加建、厂区改造、内部用地整理等途径建设产业链协同制造基地
惠州	1. 新增用地； 2. 三旧用地改M0； 3. 已出让用地转M0
中山	/

（四）土地出让年限

粤港澳大湾区城市 M0 土地的出让年限

广州	50年
深圳	/
珠海	孵化器用地最高使用年限40年
东莞	1. 新增用地：40年，其中不可分割M0为50年； 2. 工改M0：50年； 3. 已出让土地转M0：按照原建设用地剩余出让年限确定
佛山	/
肇庆	/
惠州	1. 新增用地：50年； 2. "三旧"用地改M0：50年； 3. 已出让用地转M0：按照原建设用地剩余出让年限确定
中山	新增新型产业用地和"三旧"改造的工改M0按最高年限50年出让；已出让工业用地转为新型产业用地的，按照原工业用地剩余出让年限确定

（五）容积率

粤港澳大湾区城市 M0 土地的容积率

广州	3.0 ~ 5.0
深圳	1. 密度一、二、三区：基准容积率4.0； 2. 密度四区：基准容积率2.5； 3. 密度五区：基准容积率2.0
珠海	基准容积率：3.0 ~ 5.0
东莞	3.0 ~ 5.0
佛山	≥3.0
肇庆	1. 产业集聚基地：建成后容积率不低于2.5（属于盘活现有土地或厂房的，建成后容积率不低于2.0）； 2. 产业链协同制造基地：建成后容积率不低于2.0
惠州	≥3.0
中山	3.5 ~ 6.0

（六）选址原则

粤港澳大湾区城市 M0 土地的选址原则

广州	1. 新型产业用地（M0）原则上在市级核心区、区级核心区、轨道交通站点周边500m范围以外选址； 2. 在符合前款规定的情况下，新型产业用地（M0）优先在存量工业用地、村级工业园、珠三角（广州）国家自主创新示范区、广深港澳科技创新走廊广州段核心创新平台或节点、各类科技创新平台和产业集聚区周边等区域选址； 3. 新型产业用地（M0）在工业产业区块内选址的，用地面积控制在所属工业产业区块面积的10%以内
深圳	1. 基准用地规模：1hm²； 2. 由市规划国土部门会同市发展改革部门编制全市创新性产业用房建设年度计划，明确年度创新性产业用房建设及供应目标、总量、结构、布局等
珠海	1. 新型产业用地、一类工业用地应尽量靠近城镇生活区布局； 2. 孵化器用地≥20000m²； 3. 市、区级核心区原则上不布局M0； 4. 布局于交通便捷、配套完善的区域； 5. 在工业用地控制线区域范围内选址的，M0总量不超过工业用地控制线区域范围内工业、仓储等产业用地总规模的10%。但横琴新区及一体化新拓展区域、高新区（含主、分园区）、香洲区前山商贸物流中心三溪科创小镇可适当提高工业用地控制线区域范围内的新增M0比例，由区政府提出方案报市政府审批； 6. 试点范围：横琴新区及一体化新拓展区域、高新区主园区、南屏科技工业园及市政府批准的科技创新园区、科技创新重点项目和各区重点产业片区
东莞	1. 市级和镇级核心区内不布局M0； 2. 应布局于交通便捷、配套完善的区域； 3. 工业保护线内布局M0的，总量不超过辖区工业保护线总规模的10%。市区南城街道、莞城街道、东城街道、万江街道、松山湖高新区、滨海湾新区可适当提高工业保护线内的M0比例； 4. 鼓励集中成片、规模开发。连片或相邻用地面积50亩（3.33hm²）及以上的，允许规划为可分割M0；少于50亩（3.33hm²）的，优先规划为不可分割M0，仅限企业自用。从严限制新增用地规划为可分割M0
佛山	顺德区村级工业园
肇庆	/
惠州	1. 新型产业用地（M0）应当优先布局于交通便捷、配套完善的区域，如重大发展平台、重要发展廊道、轨道交通站点周边、高快速公路出入口附近等； 2. 新型产业用地（M0）原则上在城市核心区、轨道交通站点周边500m范围以外选址
中山	1. 应布局于交通便捷、配套完善的重大发展平台、重点发展区域、轨道交通站点周边等区域； 2. 属国有工业用地通过"三旧"改造转为新型产业用地（以下简称"三旧"改造的工改M0）的，还应符合"三旧"改造规划等相关要求； 3. 火炬开发区、翠亨新区、岐江新城、民众创新园范围选取试点，其中翠亨新区马鞍岛范围依规划可允许已出让工业用地转为新型产业用地； 4. 其余镇区原则上可布设1个项目，且应为"三旧"改造的工改M0或因政府原因造成闲置的工业用地转为新型产业用地； 5. 市自然资源局负责统筹新型产业用地项目布局

（七）用地规划

粤港澳大湾区城市 M0 土地的用地规划

广州	M0，可配置商业办公和生活服务设施
深圳	M0，商业、宿舍、可附设市政设施、交通设施、其他配套辅助设施
珠海	M0，可兼容B1（商业用地）、B2（商务用地）、B4（公用设施营业网点用地）、R4（四类居住用地）、S（道路与交通设施用地）
东莞	M0，可配置商业办公C2，配套型住宅R0，公共服务设施
佛山	工业用地、商业办公（C2）和公共服务设施用地等多个不同功能用途地块
肇庆	/
惠州	M0，可配置商业办公B2，配套型住宅R2，公共服务设施
中山	/

（八）建筑规划

粤港澳大湾区城市 M0 土地的建筑规划

广州	1. 配套行政办公及生活服务设施的计容建筑面积≤30%总计容； 2. 独立占地建设的，其用地面积≤10%总用地； 3. 行政办公及生活服务设施； 4. 严禁建造商品住宅、专家楼、宾馆、招待所和培训中心等非生产性配套设施
深圳	1. 产业用房≥70%总计容； 2. 配套≤30%总计容； 3. 商业、宿舍、可附设的市政设施、可附设的交通设施、其他配套辅助设施
珠海	1. M0用地：配套商业、餐饮、员工宿舍等≤20%总建筑面积。 2. M0用地中孵化器用地： （1）孵化器用地建设用于研发的建筑面积≥80%计容； （2）配套（商业、餐饮、员工宿舍等）≤20%计容； （3）新建孵化器用地面积大于$50000m^2$且计容面积≥$200000m^2$，可考虑配置一定比例商务用地、配套型住宅用地； （4）孵化器用地用于孵化的计容面积≥70%总计容。 3. 商业、宿舍、可附设的市政设施、交通设施及其他配套辅助设施。 4. 新增M0用地面积大于等于$50000m^2$且计容积率建筑面积≥$200000m^2$的，可配置一定比例商务用地、配套型住宅用地
东莞	1. 产业用房≥50%总计容； 2. 配套型住宅≥20%总计容； 3. 配套≤30%总计容； 4. 小型商业、配套宿舍
佛山	1. 宗地内允许配建不超过总计容建筑面积30%的生产服务、行政办公、生活服务等配套设施，鼓励地块内行政办公及生活服务设施集中布局； 2. 综合型产业用地中，工业用地面积不得低于宗地总用地面积的50%且工业用地上所建计容建筑面积不得低于项目总计容建筑面积的50%； 3. 对于工业用地与商业办公用地混合用途的土地，工业用地上不得另行建设生产服务、行政办公、生活服务等配套设施

肇庆	1. 配套用房建筑面积不得超过项目计容建筑面积的20%，独立占地的项目配套用房用地面积不得超过项目总用地面积的7%。配套用房中用于基地内部生活服务配套（如饭堂等）占配套用房的比例不高于20%，服务对象为基地内部企业和人员； 2. 产业用房中用于生产制造的用房，应符合工业建筑设计规范，用于生产制造的用房建筑面积占产业用房的建筑面积不得低于70%；用于研发设计等其他产业用房建筑面积占产业用房的建筑面积不得高于30%，可参照办公建筑设计规范进行设计
惠州	1. 产业用房≥50%总计容； 2. 配套≤30%总计容； 3. 配套办公B2≤10%总计容； 4. 配套住宅R2≤20%总计容
中山	1. 配套服务设施计容建筑面积不超过项目总计容建筑面积的30%； 2. 生产服务、行政办公及生活服务设施等

（九）建筑设计

粤港澳大湾区城市 M0 土地的建筑设计

广州	1. 新型产业用房（不含配套行政办公及生活服务设施）首层地面荷载≥800kg/m²，二、三层楼层荷载≥650kg/m²，四层以上楼层荷载≥500kg/m²； 2. 每栋建筑单独设置客梯，至少配备1台载重2吨以上的货梯
深圳	1. 研发用房：首层层高≥5.0m，二层以上层高≥4.2m；首层地面荷载≥800kg/m²，二、三层楼层荷载≥650kg/m²，四层以上楼层荷载≥500kg/m²； 2. 厂房：首层层高≥6m，二层以上层高≥4.5m；首层地面荷载≥1200kg/m²，二、三层楼层荷载≥800kg/m²，四层以上楼层荷载≥650kg/m²； 3. 研发用房单独设置客梯，至少配备1台载重2t以上的货梯，单套套内面积不得小于300m²；厂房至少配备2台载重3t以上的货梯，建筑平面应为大开间，除配电房、工具间等辅助房间外，同一楼层厂房单套套内建筑面积不得小于1000m²
珠海	新型产业配套设施的建筑设计应以大开间为主，局部参照普通办公
东莞	1. 产业用房中用于生产制造的用房，应符合工业建筑设计规范； 2. 用于研发设计的用房，可参照办公建筑设计规范进行设计； 3. 配套宿舍可参照公租房标准进行设计
佛山	新型产业用地项目用房包括产业用房和配套用房。新型产业用地上的产业用房指可用于生产、研发设计、勘察、检验检测、技术推广、环境评估与监测等功能用途的用房，配套用房指生产服务、行政办公、生活服务等配套设施。产业用房中用于生产制造的用房，应符合工业建筑设计规范；用于研发设计的用房，可参照办公建筑设计规范进行设计；配套设施中的配套宿舍可参照公租房标准进行设计
肇庆	/
惠州	1. 产业用房指可用于研发、创意、设计、中试、检验检测、技术推广、环境评估与监测、科技企业孵化器及无污染生产等新型产业功能用途的用房； 2. 配套用房包括小型商业、配套人才公寓及宿舍等
中山	新型产业用地控制指标控制要求：容积率3.5～6.0；建筑密度不超过40%；绿地率10%～20%；建筑高度不超过120m

粤港澳大湾区城市 M0 土地的建筑贡献量

广州	新型产业用地（M0）项目需无偿移交给所在区政府、广州空港经济区管委会或其指定机构的产业用房建筑面积
深圳	以划拨方式供应的建设用地使用权，不计收地价。以出让、作价出资、租赁方式供应或划拨方式转为有偿使用的建设用地使用权，应根据土地的市场价格及本规则计收地价，其中产权归政府的建筑面积部分不计收地价
珠海	孵化器用地可根据项目实际需求配建新能源汽车充电桩、幼儿园、中小学、社区用房、文体场地、卫生等公共服务设施，配建设施建筑面积不计入项目计容积率建筑面积，由企业建成后无偿移交政府，产权归政府所有。孵化器用地应合理利用地下空间、建筑物架空层建设配套设施
东莞	1. 容积率3.0以下无需贡献； 2. 容积率3.0～5.0，以5%计容贡献产业用房； 3. 容积率＞5.0，以10%计容贡献产业用房
佛山	/
肇庆	/
惠州	1. 新增用地方式供应的新型产业用地（M0）：实行"一地一策"，由各县（区）人民政府（管委会）结合地块公开出让方案明确贡献产业用房比例； 2. 已出让用地转M0：贡献土地的比例≤10%，贡献产业用房的≤5%总计容； 3. "三旧"用地改M0的方式供应的新型产业用地（M0）：贡献土地的比例≤10%，贡献产业用房的≤5%总计容
中山	"三旧"改造的工改M0项目，须按城乡规划要求将不低于土地总面积15%且不小于3000m²的土地无偿移交政府；按上述比例计算无偿移交的土地面积小于3000m²的，应无偿移交给政府不少于改造项目计容建筑总面积10%的公益性建筑

（十一）准入管理

粤港澳大湾区城市 M0 土地的准入管理

广州	1. 开发主体准入； 2. 产业准入
深圳	1. 开发主体准入； 2. 产业准入； 3. 投入产出指标准入
珠海	1. 开发主体准入； 2. 产业准入
东莞	1. 开发主体准入； 2. 选址准入

佛山	/
肇庆	1. 入驻企业必须符合产业基地的可行性报告、基地环境影响评估文件、招商运营方案的相关要求，产业属性符合基地的产业定位； 2. 在肇庆高新区注册成立独立法人和在肇庆高新区纳税登记； 3. 承诺产值、税收效益保证； 4. 已通过区项目入园评审
惠州	1. 开发主体准入； 2. 产业准入
中山	产业准入

（十二）项目履约监管

粤港澳大湾区城市 M0 土地的项目履约监管

广州	签订投入产出监管协议并纳入土地出让合同，作为M0管理和考核的重要依据
深圳	1. 签署监管协议，设定考核指标进行定期检查； 2. 投产后分年限进行履约考核
珠海	1. 签订项目监管协议，约定开发要求、产业类型、分割转让时间、投产时间、投资强度、节能环保、产出强度、财政贡献等的相关经济指标，以及项目运营标准、违约责任、退出条款； 2. 由政府部门组成项目监督小组进行指导、监督、检查
东莞	1. 签署项目履约监管协议； 2. 组成新型产业项目监督小组，对项目履约监管协议的执行情况进行监管； 3. 以银行保函形式缴纳履约保证金，缴纳比例为土地出让金总额的10%
佛山	新型产业用地具体项目入园标准，含产业、投资强度、税收、生产厂房及配套设施分割销售要求、退出机制等，在土地出让前由区经科部门和镇人民政府（街道办事处）按规定明确，土地出让后，土地所在地的镇人民政府（街道办事处）与开发建设方签订《项目投资开发建设协议书》进行约定并予以落实
肇庆	区产管办负责产业基地日常监管工作，加强对产业基地发展评估及管控。产业基地开发企业在获得产业基地资格1个月内须与区产管办签订产业基地监管协议书。产业基地开发企业不按期签订产业基地监管协议书的，撤销产业基地资格
惠州	1. 签署履约监管协议，约定产业类型、分割转让、投产时间、投资强度、节能环保、产出强度、财政贡献强度、违约责任、退出条款等内容； 2. 提供不低于土地出让金总额10%的履约保函
中山	签订履约监管合同，由镇区政府监管

粤港澳大湾区城市 M0 土地的经济绩效指标

广州	1. 投资强度：由各区政府组织拟定投入产出监管协议； 2. 地均产出：由各区政府组织拟定投入产出监管协议； 3. 地均税收：由各区政府组织拟定投入产出监管协议
深圳	1. 投资强度：一区一策； 2. 地均产出：一区一策； 3. 地均税收：一区一策
珠海	1. 投资强度：≥600万元/亩； 2. 地均产出：≥1200万元/亩； 3. 地均税收：/
东莞	1. 投资强度：≥600万元/亩； 2. 地均产出：≥1200万元/亩； 3. 地均税收：/
佛山	/
肇庆	/
惠州	1. 投资强度：≥5000元/m^2； 2. 地均产出：≥8000元/m^2； 3. 地均税收：≥380元/m^2
中山	/

（十四）用地分割转让

粤港澳大湾区城市 M0 土地的用地分割转让

广州	1. 按幢、层等固定界限为基本单元分割登记、转让； 2. 可分割转让面积≤50%总计容建筑面积（扣除配套行政办公及生活服务设施）； 3. 单元的建筑面积≥500m^2； 4. 配套行政办公及生活服务设施用途的建筑不得分割登记和转让、抵押
深圳	1. 办法实施后：采取招标、拍卖、挂牌方式出让的工业用地、独立工业配套宿舍用地或者混合用地； 2. 通过拆除重建类城市更新出让的工业用地或者混合用地，可选择采取以下方式之一对其工业楼宇及配套设施的转让进行明确约定： 　（1）工业楼宇建筑面积（不含按规定移交政府的创新型产业用房）不超过65%的部分可分割转让，其余部分不得转让，但宗地内的配套设施可以全部分割转让； 　（2）以宗地为单位进行整体转让； 　（3）以宗地为单位不得转让。 3. 通过城市更新改造形成的独立工业配套宿舍用地上工业配套设施的转让规定： 　（1）开发建设用地范围内的工业楼宇不得转让的，该工业配套宿舍不得转让； 　（2）开发建设用地范围内的工业楼宇仅能整体转让的，该工业配套宿舍以宗地为单位整体转让； 　（3）开发建设用地范围内的工业楼宇全部或部分可分割转让的，该工业配套宿舍可分割转让。独立工业配套宿舍用地上的小型商业等其他工业配套设施可分割转让，但出让合同约定整宗地不得转让或者整体转让的，小型商业等其他工业配套设施从其约定无偿移交给政府的创新型产业用房面积免交地价，不计入项目可售面积，不占用项目可分割转让比例

珠海	1. 孵化器用地面积≥30000m²； 2. 建筑面积≤50%，按幢、层、间等固定界限为基本单元分割转让； 3. 分割基本单元≥300m²； 4. 允许生活服务设施建筑物＞15%的孵化器用地，对用地总计容建筑面积15%以外的生活服务设施按幢、层、间等固定界限为基本单元分割转让； 5. 允许配套型住宅用地≤50%总计容的住宅建筑物按幢、层、间等固定界限为基本单元分割转让
东莞	1. 可分割转让面积≤49%总计容； 2. 单栋套内面积≥2000m²； 3. 基本单元套内面积≥300m²
佛山	1. 产业用房分割销售单元面积不得小于300m²； 2. 配套设施可以分割销售，但可销售的计容建筑面积不超过总计容建筑面积的15%，且原则上须面向项目内产业用房业主销售
肇庆	1. 项目用房分割必须有以幢、层等固定界限，可以独立使用并且有明确、唯一的编号（幢号、层数等，不得跳号或使用外文字母），其中固定界限由规划部门在其核发的规划核准文件（包括规划许可证、规划总平面图、分层平面图等）以及相关规划核准文件中标注，依据规划部门核发的规划核准文件进行分割。最小分割单元如下： （1）产业用房按幢、层等最小分割单元原则为1000m²，其中受让单位为研发设计机构的可以放宽到300m²。 （2）配套用房按幢、层等最小分割单元为300m²。 2. 项目用房分割销售后，自完成不动产转移登记之日起，受让后的工业物业产权5年内不得再次转让（在不动产权证附记项中标记清楚起止时限），高标准厂房和工业大厦的分割转让可不受此条限制。期限内非高标准厂房和工业大厦因企业债务、注销、清算等特殊因素确需进行转让的或满5年要实行二次转让的，其转让对象必须符合入驻企业准入的相关规定，经区产管办审批后方可办理转让手续。 3. 符合分割销售条件的项目用房，建设完成后，由不动产登记中心依据规划主管部门的规划核准文件，以幢、层为基本单元进行不动产权属登记和核发不动产权证书，证书上须注明"属产业基地项目"
惠州	1. 可分割转让面积≤50%总计容； 2. 单栋套内面积≥2000m²； 3. 基本单元套内面积≥300m²
中山	1. 新型产业用地项目在达到土地出让合同和履约监管合同中约定条件后，允许按幢、层等固定界限为基本单元办理不动产分割登记和转移登记。 （1）开发主体自持产业用房的建筑面积占分割转让前产业用房确权登记的建筑面积比例不得低于51%，自持时间不少于15年； （2）产业用房自完成不动产转移登记之日起2年内不得再次转让； （3）已办理分割转让部分不得再次申请分割； （4）可分割部分的产业用房由开发主体通过现售方式出让的，属首次转让。 2. 产业用房按幢分割的，每个基本单元建筑面积不得少于2000m²；产业用房按层分割的，每个基本单元建筑面积不得少于500m²。配套服务设施可随产业用房按可分割转让产业用房建筑面积占产业用房总建筑面积的百分比分割转让

粤港澳大湾区城市 M0 土地的地价计算

广州	计价公式：$P = C \times 20\% \times S \times (N/50)$ 　　P：新型产业用地出让底价； 　　C：出让时点同地段的办公用途市场评估楼面地价； 　　S：该地块的总计容建筑面积（不含须无偿移交的建筑面积）； 　　50年：工业用地最高出让年限，N为实际出让年限
深圳	1. 以划拨方式供应的建设用地使用权，不计收地价。以出让、作价出资、租赁方式供应或划拨方式转为有偿使用的建设用地使用权，应根据土地的市场价格及本规则计收地价，其中产权归政府的建筑面积部分不计收地价； 　　2. 计价公式：宗地地价 $= \sum$（分用途分年期市场价格 × 对应建筑面积 × 基础修正系数 × 项目修正系数）。同一宗地涉及多种建筑类型的，按照不同建筑类型和建筑面积分别测算地价后合计
珠海	1. 新建孵化器用地按不小于新型产业用地市场评估价的50%设定出让起始价（底价）； 　　2. 容积率≤1时，按用地面积计收土地价款；容积率＞1时，按计容积率建筑面积计收土地价款。允许以协议方式办理用地手续及签订《项目监管协议》； 　　3. 孵化器用地配建的新能源汽车充电桩、幼儿园、中小学、社区用房、文体场地、卫生等公共服务设施及利用地下空间、建筑物架空层建设的配套设施不计收土地价款
东莞	计价公式：$M0 = [M1 \times 0.4 \times (1-X) + C \times 0.41 \times X] \times R \times (N/50)$ 　　其中：M1为普通工业用地市场评估价的地面地价；C为商服用地市场评估价的楼面地价，需参照市国土部门公布的国有建设用地基准地价更新修正体系进行容积率系数修正；X为分割转让比例；R为容积率；N为实际出让年限
佛山	1. 以招标、拍卖、挂牌方式公开出让的，土地公开交易起始价不得低于评估价。经顺德区招商引资项目用地联审小组审核后，新型产业用地公开交易起始价不得低于顺德区工业用地出让最低标准，且不低于新增建设用地的土地有偿使用费、征地（拆迁）补偿费以及按照国家规定应当缴纳的有关税费之和； 　　2. 以协议方式出让的，必须履行地价评估、集体决策、结果公示程序，根据市场价格综合确定出让底价；已出让土地改为新型产业用地的，按照顺德区"三旧改造""二改二"有关政策执行
肇庆	/
惠州	计价公式：$P = C \times 20\% \times S \times (N/50)$ 　　其中：P为新增M0用地的土地使用权出让价格；C为出让时同地段的商服用地市场评估楼面地价；S为该地块的总计容建筑面积（不含须无偿移交的建筑面积），50年为工业用地最高出让年限；N为实际出让年限
中山	1. 新增新型产业用地出让起始价应经市土地管理委员会集体决策报市政府批准后确定，原则上按照商业服务业用地市场评估价的35%确定（经领导小组认定需要支持的产业项目，可下调至25%），但不得低于工业用地基准地价； 　　2. "三旧"改造的工改M0市场评估价按照商业服务业用地市场评估价的20%确定，但不得低于工业用地基准地价；开发主体须按新型产业用地与工业用地的现市场评估价差额补缴土地价款； 　　3. 已出让工业用地转为新型产业用地的，新型产业用地市场评估价按照商业服务业用地市场评估价的20%确定，但不得低于工业用地基准地价；开发主体须按新型产业用地与工业用地的现市场评估价差额补缴土地价款

（十六）产业类型

粤港澳大湾区城市 M0 土地的产业类型

广州	不属于《广州市产业用地指南》规定的禁止类项目
深圳	各区政策不同，以高新技术产业为导向
珠海	/
东莞	根绝M0定义及地方产业政策，无明确细则
佛山	/
肇庆	/
惠州	符合国科发火〔2016〕32号文规定的国家重点支持的高新科技领域或属于《广东省发展改革委关于进一步明确我省优先发展产业的通知》（粤发改产业函〔2019〕397号）明确的优先发展产业
中山	根据M0定义及地方产业政策，无明确细则

参考文件

[1] 广州市新型产业用地（M0）准入退出实施指引（试行）（穗工信规字〔2020〕3号），2020年4月3日实施，有效期3年.

[2] 广州市产业用地政策实施工作指引（2019年版），2020年2月19日实施.

[3] 广州市提高工业用地利用效率实施办法（穗府办规〔2019〕4号），2019年3月30日实施，有效期3年.

[4] 深圳市人民政府关于印发工业及其他产业用地供应管理办法的通知（深府规〔2019〕4号），2019年4月10日实施，有效期5年.

[5] 深圳市人民政府关于印发工业区块线管理办法的通知（深府规〔2018〕14号），2018年9月3日公布并施行，有效期5年.

[6] 深圳市人民政府关于优化空间资源配置促进产业转型升级的意见（深府办〔2013〕1号）.

[7] 深圳市工业楼宇及配套用房转让管理办法（深府办规〔2020〕2号），2020年2月1日实施，有效期5年.

[8] 珠海市人民政府关于印发珠海市新型产业用地（M0）管理暂行办法（试行）的通知（珠府〔2021〕11号）.

[9] 东莞市新型产业用地（M0）地价管理实施细则（东自然资〔2019〕174号），2019年4月30日实施.

[10] 东莞市人民政府关于拓展优化城市发展空间加快推动高质量发展的若干意见（东府〔2019〕1号）.

[11] 东莞市新型产业用地（M0）管理暂行办法（东府〔2018〕112号），2018年9月11日实施，有效期3年.

[12] 佛山市顺德区村级工业园升级改造工作领导小组办公室关于印发《顺德区村级工业园升级改造新型产业及综合型产业用地管理暂行办法（试行）》的通知（顺村改办〔2019〕7号），2019年3月25日实施，有效期3年.

[13] 肇庆高新区管委会办公室关于印发《肇庆高新区产业基地管理暂行办法》的通知，2020年10月19日实施，有效期3年.

[14] 惠州市新型产业用地（M0）管理暂行办法（征求意见稿），2019年6月12日公示.

[15] 中山市新型产业用地管理办法（中府〔2019〕70号），2019年6月27日实施，有效期5年.

附录二 粤港澳大湾区城市的M1政策对比

（一）定义

粤港澳大湾区城市 M1 土地的定义

广州	对居住和公共环境基本无干扰、污染和安全隐患的工业用地
深圳	以生产制造为主的工业用地
珠海	对居住和公共环境基本无干扰，无安全隐患的工业用地
东莞	对居住和公共设施等环境基本无干扰和污染的工业用地，如电子工业、缝纫工业、工艺品制造工业等用地
佛山	对居住和公共环境基本无干扰、污染和安全隐患的工业用地
肇庆	对居住和公共环境基本无干扰、污染和安全隐患的工业用地
惠州	对居住和公共环境基本无干扰、污染和安全隐患的工业用地
中山	对居住和公共环境基本无干扰、污染和安全隐患的工业用地

（二）容积率

粤港澳大湾区城市 M1 土地的容积率

广州	2.0 ~ 4.0
深圳	1. 密度一、二、三区：基准容积率3.5； 2. 密度四区：基准容积率2.0； 3. 密度五区：基准容积率1.5
珠海	1.0 ~ 3.0
东莞	1. 单层：0.6； 2. 低层：1.6； 3. 多层：1.8； 4. 高层：3.0
佛山	0.8 ~ 3.0
肇庆	1.0 ~ 3.0
惠州	1.2 ~ 3.5
中山	1.0 ~ 3.5

（三）选址原则

粤港澳大湾区城市 M1 土地的选址原则

广州	/
深圳	基准用地规模：3hm²
珠海	一类工业用地应尽量靠近城镇生活区布局
东莞	/
佛山	/
肇庆	/
惠州	/
中山	/

（四）用地构成

粤港澳大湾区城市 M1 土地的用地构成

广州	行政办公及生活服务设施占地≤7%总用地，建筑面积≤14%总计容，位于价值创新园内的，计容建筑面积≤15%总计容； 严禁在工业项目用地范围内建造成套住宅、专家楼、宾馆、招待所和培训中心等非生产性配套设施
深圳	主导用途面积（或各项主导用途的主导面积之和）不宜＜70%总建筑面积
珠海	1. 工业用地：55%～70%； 2. 配套服务设施：10%～15%； 3. 道路用地：10%～20%； 4. 绿地：8%～12%
东莞	/
佛山	行政办公及生活服务设施占地≤7%总用地，建筑面积≤12%总计容。严禁在工业项目用地范围内建造成套住宅、专家楼、宾馆、招待所和培训中心等非生产性配套设施
肇庆	行政办公及生活服务设施占地≤7%总用地，建筑面积≤15%总建面。严禁在工业项目用地范围内建造成套住宅、专家楼、宾馆、招待所和培训中心等非生产性配套设施
惠州	1. 行政办公及生活服务设施占地≤7%总用地，建筑面积≤20%总计容； 2. 严禁在工业项目用地范围内建造成套住宅、专家楼、宾馆、招待所和培训中心等非生产性配套设施
中山	行政办公及生活服务设施占地≤7%总用地，建筑面积≤15%总建面。严禁在工业项目用地范围内建造成套住宅、专家楼、宾馆、招待所和培训中心等非生产性配套设施

（五）用地规划

粤港澳大湾区城市 M1 土地的用地规划

广州	/
深圳	1. 鼓励混合：W1（仓储用地）； 2. 混合：C1（商业用地）、R3（三类居住用地，主导用途宿舍）
珠海	1. M1可兼容B1（商业用地）、B2（商务用地）、B5（总部经济用地）、R4（四类居住用地）、S（道路与交通设施用地）； 2. 一类工业用地兼容性比例不超过15%
东莞	/
佛山	/
肇庆	有条件允许部分兼容A1（行政办公用地）、B1~B3（商业用地、商务用地、娱乐康体用地）、W1（物流仓储用地）、S（道路与交通设施用地）、U（公共设施用地）、G（绿地与广场用地）
惠州	/
中山	/

（六）建筑设计

粤港澳大湾区城市 M1 土地的建筑设计

广州	1. 普通工业用房（不含配套行政办公及生活服务设施）首层地面荷载≥1200kg/m²，二、三层楼层荷载≥800kg/m²，四层以上楼层荷载≥650kg/m²； 2. 每栋建筑至少配备2台载重3吨以上的货梯
深圳	/
珠海	/
东莞	/
佛山	/
肇庆	/
惠州	/
中山	/

（七）允许适建建筑

粤港澳大湾区城市 M1 土地的允许适建建筑

广州	/
深圳	主导用途：厂房； 其他用途：仓库（堆场）、小型商业、宿舍、可附设的市政设施、可附设的交通设施、其他配套辅助设施。对周边居住、公共环境有影响或污染的工业不得建设小型商业、宿舍等
珠海	1. 自用办公楼； 2. 员工食堂； 3. 普通仓库； 4. 开关站/配电室； 5. 汇聚机房/设备间； 6. 燃气调压柜
东莞	1. 居住小区商业服务设施； 2. 居住小区医疗卫生设施； 3. 居住小区市政公用设施； 4. 居住小区行政管理设施； 5. 居住区级以上体育设施； 6. 对环境基本无污染的工厂； 7. 普通储运仓库； 8. 社会公共停车场、库； 9. 汽车修理、专业保养和机动训练场； 10. 客货运公司站场； 11. 施工维修设施及废品厂； 12. 公厕、垃圾转运站
佛山	/
肇庆	1. 集体宿舍； 2. 居住小区市政公用设施； 3. 居住小区行政管理设施； 4. 居住小区日用品修理、加工场； 5. 居住区级以上行政办公建筑； 6. 高等院校、中等专业学校； 7. 职业、技工、成人和业余学校； 8. 科研设计机构； 9. 居住区级以上体育设施； 10. 小型农贸市场； 11. 小商品市场； 12. 农、副、水产品批发市场； 13. 对环境基本无污染、干扰的工厂； 14. 工业研发、中试等设施用地； 15. 社会停车场、库； 16. 加油、加气站； 17. 汽车修理、保养场和训练场； 18. 客、货运公司站场； 19. 施工维修设施及废品场； 20. 其他市政共用设施
惠州	行政办公及生活服务设施
中山	/

粤港澳大湾区城市 M1 土地的有条件允许适建建筑

广州	/
深圳	/
珠海	1. 宿舍； 2. 小型运动场； 3. 物业管理； 4. 社会停车场； 5. 垃圾收集站； 6. 公厕
东莞	1. 宿舍； 2. 居住小区教育设施（中小学、托幼）； 3. 居住小区文化设施； 4. 居住小区体育设施； 5. 居住区级以上娱乐设施； 6. 居住区级以上医疗卫生； 7. 办公建筑、商办综合楼； 8. 一般旅馆； 9. 星级宾馆； 10. 商住综合楼； 11. 中等职业学校、成人学校、业余学校； 12. 科研设计机构； 13. 对环境有轻度干扰、污染的工厂； 14. 农、副、水产品专业批发市场； 15. 污水处理厂
佛山	/
肇庆	1. 多层居住建筑； 2. 高层居住建筑； 3. 幼儿园、托儿所； 4. 居住小区文化设施； 5. 居住小区体育设施； 6. 居住小区医疗卫生设施； 7. 小学； 8. 中学； 9. 居住区级以上医疗卫生设施； 10. 居住区级以上商业服务设施； 11. 一般旅馆； 12. 旅游宾馆； 13. 商住综合楼； 14. 办公建筑、商办综合楼； 15. 居住区级以上娱乐设施
惠州	/
中山	/

（九）用地性质转换

粤港澳大湾区城市 M1 土地的用地性质转换

广州	/
深圳	/
珠海	可变更转换A1（公共管理与公共服务设施用地）、U2（公共设施用地）、M0（新型产业用地）
东莞	/
佛山	/
肇庆	/
惠州	/
中山	/

后记

陶行知每日四问：

"第一问：我的身体有没有进步？

第二问：我的学问有没有进步？

第三问：我的工作有没有进步？

第四问：我的道德有没有进步？"

这是一本关于"新产城融合·工业上楼"的设计体系及其背后逻辑和方法论的书。从2018年底开始构思，到如今终于出版，其中的经历与体悟，既是鞭策，也是激励。正如书名所言："向上的力量！"这是一种积极的力量，在荆棘中也充满希望。

新时代，新产业，新需求。当前，我们处于一个产业大变革和技术大爆发的时代，产业变革和技术爆发对工业建筑提出了新需求。新兴产业的建筑设计，既要懂设计，了解设计前沿；又要懂产业，理解产业真实需求；还要懂科技，在产业设计中融入最新科技。

"新产城融合"与"工业上楼"是新产业、新需求的新承载。在二十年的设计生涯中，每服务于一个项目，我们首先会从宏观层面厘清城市脉络，研判市场情况，然后从中观层面找准区域诉求，研判产品定位，最后才是脚踏实地进行产品设计、空间落位和运营落地。回头来看，从"工业上楼"的产品研究与产业地产的模式研判，到"新产城融合"的行动实践，我们发现了时代新需求，并笃定实践。

2018年12月，东莞松湖智谷产业园一期竣工验收，"工业上楼"模式很快在业内外传开，并迅速成为行业标杆，也吸引了大量媒体的参观报道。越来越多的朋友希望了解我们的实践，这让我们觉得需要尽快把经验好好总结记录下来，与行业内外的朋友交流学习，一起推动"工业上楼"建筑设计的进步。

在思考的过程中，我们并没有停止前行，而是继续投身到新的"工业上楼"项目实践中，包括珠海格力三溪科创小镇、肇庆中安产城产业园、上海保集E智谷、安达智能装备产业园、佛山陶创园等项目。在深化实践的过程中，我们不断迎接新挑战，进行新思考，总结新经验，也为本书提供了更多新案例。

2020年，突如其来的疫情打乱了正常的工作节奏，也让我终于有机会停下来着手本书的写作。在本书写作的过程中，中安产城集团有限公司董事长彭飞先生，以及我们团队的方案设计主创胡振涛、建筑技术总负责人王荣、结构负责人陈龙、机电负责人李正瑞和项目统筹人陈敏龙等都是我的良师益友，在他们的共同协助下，本书"工业上楼"技术部分的章节很快就有了初稿。在此基础上，我们跳出建筑本身，结合以往的实践案例，进行了更广泛的探讨，于是就有了书中其他几个章节和附录部分的内容。

不同于其他产业地产项目，"工业上楼"属于新兴事物，市场上也没有太多可以直接参考的资料。因此，书中的内容基本都来自于我们的实践总结。我们希望用最大的努力，向大家展示我们所开展的工作，所进行的思考，所秉持的理念。在摸索前进的过程中，难免存在漏误，不足之处，敬请读者批评指正。

在此书编写的过程中，我们也得到了很多朋友的支持和帮助。深圳市投资控股有限公司领导，深圳市建筑设计研究总院有限公司领导以及北京建筑大学的程艳春老师等给予了一如既往的关怀和支持；彭飞先生诚邀我们多次参与"工业上楼"项目的规划建设，并与我们一起以运营为导向进行实践评估；深圳清华大学研究院产业规划研究中心刘战国主任从产业规划的角度就本书观点与我们进行沟通交流。同时，本书也得到了原深圳市科技局副局长、深圳市科协专职副主席张克科前辈的大力支持，为本书作了推荐；宋丁老师与宋振庆先生也欣然接受邀请，为本书作序与推荐。

在此我对以上领导和师友表示深深的谢意。同时，也向中国建筑工业出版社刘丹女士及出版界同行表示衷心的感谢，你们的专业帮助让本书增色不少！

最后，要感谢我的家人和团队中每位伙伴对我的理解、信任和支持！人生路上能与有趣的灵魂一起共事，相互认可，相互成就，既让我非常欣慰，也指引我直面人生，三省吾身。

期待在未来的实践中，有更多的精彩与各位读者分享！

2022年3月

审图号：GS京〔2022〕0053号

图书在版编目（CIP）数据

向上的力量 = IMAGINATION OF THE CITY：用"工业上楼"实践诠释粤港澳大湾区新型产业流向 / 杨小贞著. —北京：中国建筑工业出版社，2022.5

ISBN 978-7-112-27203-7

Ⅰ.①向… Ⅱ.①杨… Ⅲ.①产业发展—研究—广东、香港、澳门 Ⅳ.①F269.276

中国版本图书馆CIP数据核字（2022）第047433号

责任编辑：刘　丹
书籍设计：锋尚设计
责任校对：王　烨

向上的力量
IMAGINATION OF THE CITY

用"工业上楼"实践诠释粤港澳大湾区新型产业流向

杨小贞　著

*

中国建筑工业出版社出版、发行（北京海淀三里河路9号）
各地新华书店、建筑书店经销
北京锋尚制版有限公司制版
北京富诚彩色印刷有限公司印刷

*

开本：850毫米×1168毫米　1/16　印张：10½　字数：240千字
2022年5月第一版　　2022年5月第一次印刷
定价：108.00元
ISBN 978-7-112-27203-7
（39026）